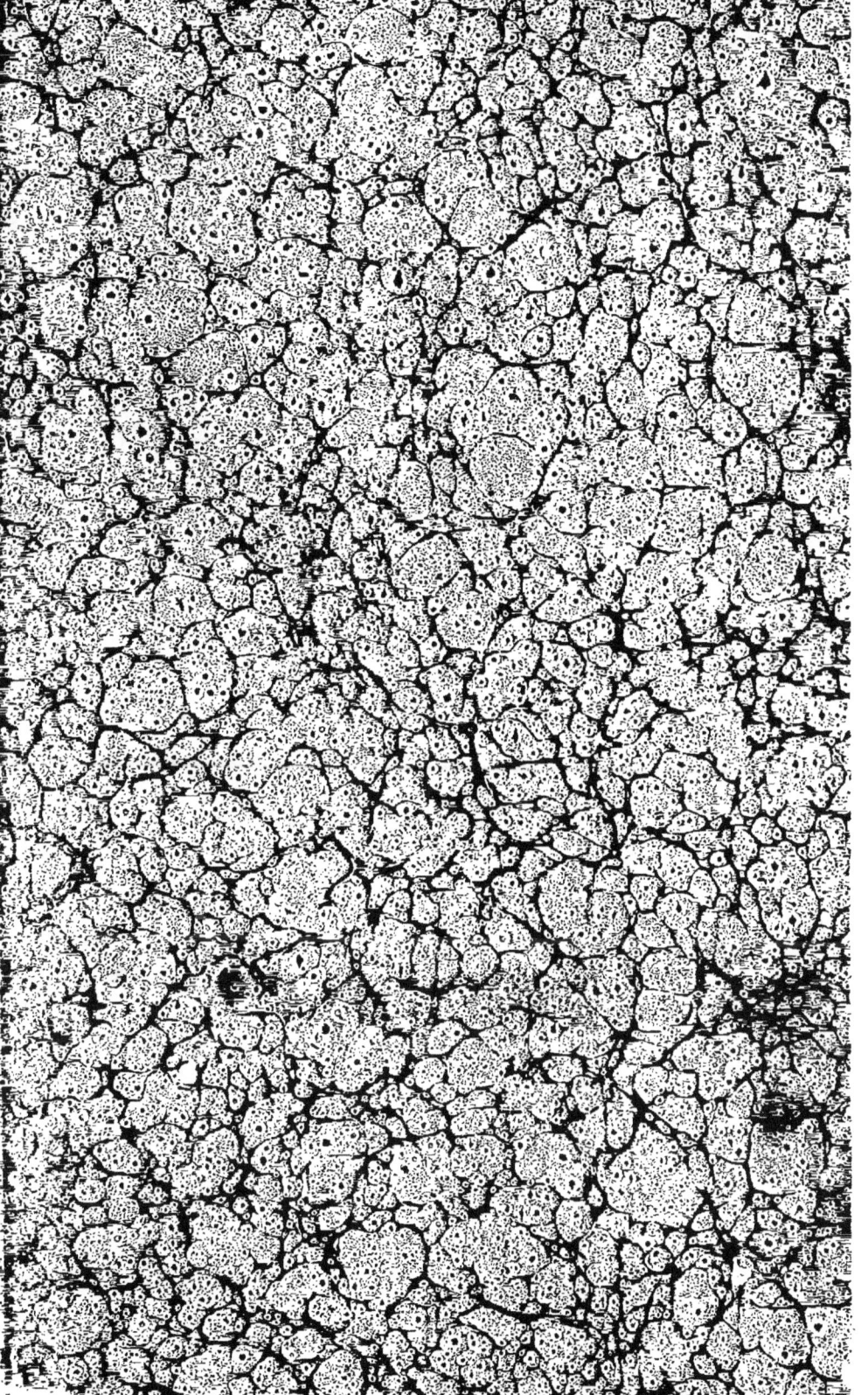

Lk⁷ 184

PROMENADES

AU

CIMETIÈRE DE LA MADELEINE.

SE TROUVE :

A Amiens, chez Duval et Herment, imprimeurs-Libraires, place Périgord, 1;

Et chez les principaux Libraires de la ville et du département.

PROMENADES
AU CIMETIÈRE
DE LA
MADELEINE,

PRÉCÉDÉES D'UN

PRÉCIS HISTORIQUE

Sur l'Origine de cet Etablissement, sa première destination, et les diverses transformations qu'il a subies depuis sa fondation jusqu'à nos jours,

PAR M. STÉPHANE C....

AMIENS,
Imp. de DUVAL et HERMENT, place Périgord, 1.

1847.

AUX LECTEURS.

En offrant au public amiénois un opuscule sur le cimetière de la Madeleine d'Amiens, je n'ai point l'orgueilleuse pensée de publier une œuvre littéraire ni de grossir le nombre des hommes distingués qui ont rendu des services à la cité.

Mon ambition a été modeste : j'ai voulu simplement faire connaître d'une manière générale ce magnifique établissement, et populariser quelques-uns des souvenirs que renferme la cité des morts, souvenirs sans cesse renaissants dans ces lieux, alors qu'on les oublie ailleurs.

Je n'ai rien négligé pour parvenir à ce but : je me suis entouré de tous les renseignements que j'ai pu me procurer, et pour cela je n'ai épargné aucune démarche. Si quelques inexactitudes s'étaient glissées, par hasard, dans mes récits, qu'on soit bien persuadé que j'ai fait tout ce qu'il a dépendu de moi pour les éviter, ce qui me fait espérer que, s'il y en a, elles sont en bien petite quantité.

On comprendra aussi que je n'aie pas pu m'occuper en particulier de toutes les sépultures concédées, leur nombre est tel que j'ai dû nécessairement faire un choix pour ne pas dépasser la limite que je me suis proposée.

Si j'ai réussi à intéresser le lecteur, je suis amplement dédommagé : là se borne mon ambition.

PROMENADES
AU CIMETIÈRE
DE LA MADELEINE,
PRÉCÉDÉES
D'UN PRÉCIS HISTORIQUE

Sur l'Origine de cet Etablissement, sa première destination, et les diverses transformations qu'il a subies depuis sa fondation jusqu'à nos jours.

Peu de villes en France professent à un degré aussi élevé qu'Amiens le culte des tombeaux, et moins encore en province possèdent un cimetière aussi remarquable que celui de la Madeleine, au point de vue du site, de l'entretien, des ornements funéraires et de la sollicitude de l'administration municipale.

Si le respect des vivants pour les morts est un signe d'humanité et des plus beaux sentiments, la population d'Amiens mérite à juste titre d'être distinguée; et, hâtons-nous de le dire, elle est digne d'un tel hommage, car elle justifie cette opinion.

On serait loin de se douter, en passant devant le cimetière de la Madeleine, qu'on est en présence d'un établissement de cette nature, tellement il est gracieux au premier aspect, avec ses allées ombreuses, ornées de dahlias, de rosiers aux riches couleurs et de vigoureux tilleuls aux troncs desquels s'enroulent les chèvres-feuilles grimpants, et dont le tout forme plutôt l'entrée d'un magnifique parc que d'un lieu destiné aux sépultures publiques.

Deux spacieuses allées latérales s'offrent d'abord aux visiteurs qui admirent avec ravissement, en face d'eux et de chaque côté, une plate-bande de fleurs dont les délicieuses émanations embaument l'air. Dans ces allées latérales, ainsi que dans toutes celles à l'intérieur, sont disposés des bancs en bois, d'une forme tout à la fois commode et gracieuse. Cette amélioration récente est due à la prévenante attention de M. Duroyer, maire actuel de la ville d'Amiens, lequel s'occupe, avec un zèle on ne peut plus louable, de tout ce qui peut être utile à la prospérité et à l'embellissement de la cité dont l'administration lui est confiée.

Une terrasse, établie devant le bâtiment, domine l'entrée principale; une double rangée de tilleuls y est plantée, et la pente est adoucie à l'œil par un gazon toujours vert et souvent fleuri, qui dissimule ce qu'aurait d'aride et de désagréable à la vue un talus dépouillé de verdure.

On arrive au bâtiment, qui comprend la chapelle, le logement du desservant et du concierge, par deux allées à pente douce, également bordées de fleurs et de gazon, et l'on découvre des massifs formés de lilas, d'églantiers, d'ifs, de sycomores et de thuyas, distribués avec goût, et qui font le plus grand honneur à M. Cheussey, architecte de la ville, sous la direction duquel a été établi ce cimetière.

Ceux à la sagesse et à la persévérance desquels nous devons cet établissement ont les plus grands droits à la reconnaissance publique. Les divers cimetières, autrefois épars dans la ville, affectaient douloureusement les vivants à l'aspect de ces tombes entassées les unes sur les autres, comme si on disputait un peu de terre à ceux que la mort ravissait, et autour desquelles aucune fleur, aucune plante ne croissait pour les orner ainsi que pour purifier l'air vicié par le grand nombre de cadavres qu'on y enterrait les uns sur les autres. Aujourd'hui, chacun a sa place désignée, et riche comme pauvre a droit égal à la protection de l'autorité dans le respect des dépouilles mortelles de ses proches; riche comme pauvre a la satisfaction de les voir inhumer dans un lieu qui, loin d'être repoussant, attire de lui-même, par la pureté de son air, la beauté de son site et les souvenirs palpitants d'intérêt et d'émotion qu'on y rencontre à chaque pas.

> La sainte piété de ces voûtes de fleurs
> S'élance et nous saisit au seuil de cet asile,

> Et, s'unissant à d'intimes douleurs,
> Offre un peu de repos que refuse la ville.
> Philomèle y fait son séjour,
> Et ses accents empreints d'une douce tristesse
> Gémissent la nuit et le jour
> Dans ces lieux où s'éteint et misère et richesse !

Un bâtiment de forme longue, et parallèle à l'entrée principale, dérobe à l'œil les monuments funéraires élevés dans ce champ du repos.

Nous allons retracer rapidement l'origine de cet établissement et ses diverses transformations, les propositions et discussions qui ont précédé la mise à exécution de sa destination définitive, en faisant passer sous les yeux du lecteur les renseignements que nous nous sommes procurés dans les auteurs et surtout dans les archives de la ville, que nous avons pu consulter grâce à l'obligeance de l'administration et de ses principaux employés auxquels nous adressons nos remercîments bien sincères pour l'empressement qu'ils y ont mis.

Lorsque le cimetière de St.-Denis, qui a reçu la dépouille mortelle de tant de générations des habitants de la ville d'Amiens, fût fermé, on destina aux inhumations publiques des terrains d'une étendue évidemment insuffisante pour la population de la ville, lesquels furent longtemps privés de murs de clôture et de plantations, et où rien ne rappelait à l'esprit affligé par l'image de la destruction, les idées consolantes de la religion. Quoique plus tard on se soit occupé de rendre ces cimetières nouveaux plus convenables à leur véritable destination, ils laissaient encore beaucoup à désirer. Leur peu d'étendue surtout faisait prévoir la nécessité de les abandonner sous peu de temps et de les remplacer par un seul qui réunît les conditions d'ordre, de salubrité et du respect pour la mémoire des morts qu'on ne rencontrait pas dans les premiers. Beaucoup de familles, craignant de confier la dépouille mortelle de leurs parents à une terre qui ne pouvait tarder d'être rendue à un usage profane, les faisaient inhumer dans les anciens cimetières des faubourgs qui, établis dans l'origine pour des paroisses peu étendues, offrirent bientôt des inconvénients inévitables lorsque les inhumations se répètent, dans un délai trop circonscrit, dans le même terrain.

Aucun endroit ne parut donc plus propre à recevoir un cimetière que le vaste enclos de la Madeleine, connu sous le nom de *la Maladrerie*, qui servit, non comme beaucoup de personnes le pensaient, de *cimetière aux pestiférés*, mais d'hôpital dans lequel ils étaient séparés des habitants de la ville jusqu'à leur entière guérison ou la mort.

Enfin ce terrain était d'autant plus convenable que, propriété de la ville, il était sans emploi depuis environ un siècle; son étendue, de 8 hectares environ, clos, était suffisante pour le service général de la ville, et ne pouvait faire appréhender aucune de ces profanations que l'exiguité des autres rendaient inévitables.

Le père Daire s'exprime ainsi sur la fondation de l'hospice de St.-Ladre, aujourd'hui devenu le cimetière de la Madeleine :

« Au retour des croisades, plusieurs Français et
» Flamands étant infectés de la lèpre, on bâtit plu-
» sieurs léproseries. Celle d'Amiens devint riche en peu
» de temps, par suite des donations considérables qui
» y furent faites par des seigneurs et prêtres.

» En 1287 le corps de ville fut maintenu dans l'ad-
» ministration de la maison par un arrêt de Philippe-
» le-Bel, daté du mois de mars et rendu contre l'évê-
» que qui s'en voulait rendre le supérieur. Il y est
» dit : que les *magistrats peuvent corriger et déposer*
» *les frères à leur gré, faire rendre les comptes et avoir*
» *la supériorité entière sur tout le temporel.* »

Il paraît hors de doute, d'après ce premier aperçu, que cet établissement, dès sa fondation, était soumis à une administration mixte, civile et ecclésiastique. Un ordre de religieux, qui relevait de l'autorité de l'évêque, administrait à l'intérieur ; l'apurement des comptes, la surveillance et l'entretien de la propriété, enfin le droit exclusif d'admission appartenaient à l'autorité civile, c'est-à-dire au corps de ville, auquel l'arrêt précité de Philippe-le-Bel avait définitivement consacré le droit de propriété, bien des fois attaqué depuis, mais toujours maintenu.

Le père Daire continue :

« Le corps de ville exerçait encore son autorité
» d'une manière plus éclatante. C'est lui qui présen-
» tait à l'évêque le curé de cet établissement, appelé
» alors St.-Ladre. »

Le patronage de l'hôtel-de-ville et son droit de présentation fut reconnu par l'évêque en 1312.

St.-Ladre était une paroisse. Adam Hurtaut, sergent à masse, ayant été chargé, vers l'année 1443, d'inventorier les richesses de la maison, constata qu'elle possédait un nombre considérable de reliques et d'ornements.

Chaque année, la ville se rendait à cette maison en pélerinage et en faisait la visite.

En l'an 1505, et plus tard en 1544, on y fit des réparations assez importantes. Le titre qui fait mention de ces travaux appelle cette maison : *la Maison de la Madeleine ou des Sœurs blanches.* Nulle part nous n'avons trouvé l'explication de l'origine de cette dénomination.

En 1665, la peste exerçant ses ravages dans la cité, on l'établit lieu de santé ; l'on y construisit des habitations propres à recevoir les pestiférés et, à cet effet, on y perça des canaux pour y recevoir les eaux de la Somme. Le sieur Lucas de Demuyn posa la première pierre au bâtiment principal dont le plan avait été dressé par le frère Denys, feuillant, et par Jean d'Arras, l'un architecte et l'autre sculpteur. L'auberge actuelle de *la Madeleine*, établie sur la route de Flesselles, faisait partie de cet établissement.

En 1675, l'hospice de St.-Ladre et ses dépendances furent entièrement cédés à la ville par le receveur général de la ville, et, à partir de cette époque, aucun ordre ne s'y établit plus. Ce vaste établissement demeura donc abandonné, et la plupart des bâtiments tombèrent en ruines : l'isolement et l'abandon de ce lieu semblaient être la conséquence de son origine, dont on aurait redouté l'influence longtemps après que les causes avaient cessé d'exister.

En 1785, M. Duval, échevin de la ville d'Amiens, fut le premier à proposer d'utiliser cet emplacement en y créant un cimetière général. Il déposa, le 9 mai, sur le bureau du corps municipal, à une de ses séances, le projet de translation des cimetières de l'intérieur à l'extérieur.

Nous extrayons de ce rapport, aussi remarquable par l'humanité dont il est empreint que par les considérations qui y sont développées, les passages suivants :

» Le projet dont j'ai à vous entretenir, Messieurs,

» intéresse au suprême degré la salubrité de l'air,
» c'est-à-dire la conservation des générations pré-
» sentes ;

» Frappé de la gravité d'un mal trop universelle-
» ment répandu et qui infectait toutes les provinces,
» le parlement, par arrêt rendu le 21 mai 1765, sur
» le réquisitoire du ministère public, a essayé d'y re-
» médier à Paris, en ce qui concernait cette capitale. »

Après cet exposé, qui prépare à la réalisation d'un projet si louable, et dont les générations futures devaient plus particulièrement apprécier tout le prix qu'elles devaient retirer d'un tel bienfait, l'honorable rapporteur, signalant les abus, continue :

« Depuis 9 ans, la cathédrale a contrevenu 11 fois à
» la déclaration du roi du 10 mars 1776, rendue sur
» la sollicitation du clergé lui-même, laquelle ordon-
» nait la translation des cimetières hors des villes et
» trop près des maisons.

» Eh quoi ! s'écrie-t-il, pendant que toutes les
» villes profitent des bienfaits de cette déclaration et
» que les principes qu'elle consacre sont même adop-
» tés en pays étranger, Amiens ne veut pas en pro-
» fiter ? »

Il fait remarquer alors qu'il y a dans cette ville et ses faubourgs, outre le cimetière commun de St.-Denis, onze cimetières particuliers : *Notre-Dame*, *St.-Firmin-le-Confesseur*, *St.-Firmin-en-Castillon*, *St.-*

Firmin-à-la-Porte, St.-Jacques, St.-Sulpice, St.-Pierre, St.-Honoré, St.-Maurice, l'Hôtel-Dieu et *l'Hôpital général;* qu'ils sont tous si dispersés, si étroits, si concentrés, si fréquemment remués, si peu propres en un mot à absorber annuellement 1800 cadavres, qu'il faut les considérer comme autant de foyers d'infection répandus dans les différents quartiers de la ville, d'où s'exhalent sans cesse des vapeurs pestilentielles et très-pernicieuses et les plus capables de nuire à la santé de tous les individus dont la cité est peuplée. « On ne saurait donc, dit-il, trop promp-
» tement s'en garantir. »

Parlant du lieu qui doit convenir au nouveau projet, il ajoute :

« Ce terrain est celui renfermé dans l'enclos nommé
» la Madeleine, vaste, fermé de murailles, séparé des
» habitations, sans en être trop éloigné, situé vers le
» nord sur un coteau escarpé et bien aéré; il servit au-
» trefois de refuge à ceux qui étaient attaqués de mala-
» dies contagieuses, mais ce n'est plus aujourd'hui
» qu'un champ labourable, et l'hospice originairement
» construit pour y recevoir les malades, a été depuis
» plus d'un siècle converti en grange; cet enclos, ac-
» tuellement inutile, est donc, sous tous les rapports,
» d'autant plus propre à devenir le tombeau des corps
» morts, sujets à se corrompre, que sa destination
» primitive était de préserver nos pères de l'air in-

» fect de la contagion : de plus, il sera aisé de pra-
» tiquer, dans le bâtiment existant, non-seulement
» une chapelle de dévotion très-décente, mais des re-
» traites commodes, tant pour le chapelain qui pour-
» rait y être attaché que pour le concierge, en sorte
» qu'il serait absolument impossible de choisir un
» emplacement plus convenable.

» Ainsi, en le consacrant à cet usage intéressant,
» les représentants de la commune auront la satisfac-
» tion pure d'assurer, sans beaucoup de dépenses, la
» félicité publique, de remplir un devoir cher à leur
» cœur et de rendre, surtout à la postérité, un ser-
» vice éclatant qui leur méritera à jamais le titre ho-
» norable de bienfaiteurs de l'humanité ! »

Mais, hélas ! M. Duval comptait sans les hommes aux préjugés aveugles et passionnés, qui aiment mieux consacrer et perpétuer des abus, quoique préjudiciables aux plus grands intérêts, matériels ou moraux, que de régénérer par de sages novations des améliorations que commande la marche des siècles.

A l'issue de ce rapport, le corps municipal, appelé à délibérer sur le champ, ordonne la suppression de tous les cimetières particuliers, ainsi que de celui de St.-Denis ; autorise néanmoins les prélats diocésains, qui pourront conserver leur sépulture dans la cathédrale, et quelques autres dignitaires ou haut justiciers de l'église, à s'affranchir, sauf certaines prescriptions de place, de la mesure générale ; ordonne encore que toutes les sépultures particulières se feront dans l'enclos de la Madeleine, qui sera béni à cet effet, et où elles demeureront transférées irrévocablement. Il sera érigé, dans l'ancien hospice, une infirmerie, une chapelle sous l'invocation de *Ste.-Madeleine*, et pratiqué des retraites de commodité pour les chapelains qui seront attachés au service du cimetière, avec un logement pour le concierge.

On devait croire, après un rapport et une délibération motivés avec autant de force que de sagesse, que les inhumations dûrent se faire dans ce nouveau cimetière, et que tous ceux dont il a été parlé furent, à partir de cette époque, rigoureusement fermés et mis hors de service ; il n'en fut rien pourtant, des obstacles de toute nature surgirent par suite de la répugnance que manifestèrent les habitants de choisir pour lieu de sépulture un établissement fondé à l'usage de lépreux et de pestiférés, et dont la terre, selon eux, devait receler seuls ceux qui succombèrent à ces cruelles et désolantes maladies. Erreur des plus grandes de la part de ces populations, car les pestiférés n'étaient point enterrés dans l'enclos, ainsi que nous l'avons déjà dit.

Ce qui paraîtra plus étrange encore, c'est que pas une inhumation ne fut faite dans le cimetière projeté et que ceux dont la suppression avait été ordonnée furent maintenus encore longtemps. Enfin le 29 floréal an IV, les commissaires de l'instruction publique, ceux des finances et travaux, et les officiers publics des actes civils, déposèrent sur le bureau, à la séance du conseil municipal de ce jour, un rapport sur le projet de translation et établissement du cimetière public hors de l'enceinte des murs et des habitations.

Dans ce rapport, la commission, après avoir passé en revue les divers emplacements affectés aux sépultures particulières, et démontré l'impossibilité de les y continuer sans compromettre au plus haut degré la salubrité, revient sur le sol qui, selon elle, offre toutes les garanties désirables, et elle s'exprime ainsi :

« Le seul emplacement qui puisse convenir, dans
» toute l'étendue de la commune, à l'établissement
» des sépultures, est l'enclos connu sous le nom de
» *salle de santé* ou de *la Madeleine*, distinct de la
» ferme de ce nom.

» L'enclos de la Madeleine était originairement des-
» tiné pour y séquestrer les citoyens attaqués de la
» peste dans les temps de contagion. Il est isolé à
» l'occident de la ville, fermé de murs, éloigné de
» toutes habitations, situé sur la pente de la côte sep-
» tentrionale de la vallée de Somme.

» Au milieu est un grand bâtiment en maçonnerie
» couvert de tuiles et d'ardoises, de 132 pieds de long
» sur 30 de large. Au bas du terrain enclos et y atte-
» nant, est une portion d'environ 40 journaux de prés

» séquestrés des marais communs, environnés d'une
» plantation et fermés de larges fossés remplis d'eau. »

Ce passage peut donner une idée assez exacte du plan configuratif de cet établissement, à l'époque où il fut délaissé, en 1675, car il est notoire qu'aucune modification n'y fut faite. Ainsi, il n'était séparé des marais, aujourd'hui fertiles jardins potagers, que par des fossés d'enceinte garnis d'eau ; or, la large et magnifique route de Longpré-lès-Amiens n'existait pas.

La commission continue :

» L'enclos est fermé de murs, ainsi qu'on l'a déjà
» dit. On pourrait pratiquer, dans le bâtiment exis-
» tant au milieu, un logement pour le gardien
» des tombeaux et pour sa famille, un portique pour
» y servir d'asile aux parents qui assisteront aux in-
» humations dans les cas d'intempérie, et un cabinet
» pour le commissaire inhumateur. Les reliques de
» nos concitoyens, de nos amis, de nos parents, dé-
» posées dans ce champ fermé, y seraient enfin à l'abri
» des insultes et des profanations auxquelles elles sont
» actuellement exposées. »

» Sans s'écarter de la simplicité et de l'égalité ré-
» publicaines, il serait possible encore de décorer con-
» venablement ce champ funèbre. Son principal orne-
» ment consisterait dans des allées sombres, formées
» de ces arbres qui conservent la verdure de leur
» feuillage, malgré la rigueur des hivers. La douce

» mélancolie du sentiment viendrait parfois s'y re-
» cueillir loin du fracas bruyant et des embarras pé-
» nibles de la société. Le souvenir des vertus et des
» qualités des objets de nos regrets nous y attirerait
» comme dans un autre Elysée. Il serait encore loi-
» sible, et compatible avec les principes républicains,
» de laisser à la piété des parents la liberté d'ériger,
» sur la tombe de leurs proches, des monuments de
» leurs sentiments d'affection et de regret.

» Pour effectuer cet établissement si désirable, la
» commune a des sacrifices à faire : 1.º celui du revenu
» que lui produisait ce terrain ; 2.º la dépense des tra-
» vaux et ouvrages nécessaires pour loger le gardien,
» pour réparer la clôture, et pour les réparations à y
» faire. Mais ces sacrifices pourraient être compensés
» par le produit des rétributions qui seront attribuées
» pour le transport des corps et pour le creusement
» des tombes. »

Le 29 vendémiaire an V de la République, le conseil municipal, statuant sur le projet qui fait le sujet du rapport qui précède, arrête :

« Les inhumations des corps décédés, dans toute
» l'étendue de cette commune, seront faites, à l'ave-
» nir, à compter de la publication des présentes, dans
» l'enclos fermé de murs, à l'occident de St-Maurice,
» connu ci-devant sous le nom de *l'enclos de santé* ou
» de *la Madeleine*.

» Cet enclos portera à l'avenir le nom de *Champ des*
» *Tombeaux.* »

Suivent des prescriptions sur la police de cet établissement et le mode d'inhumation, etc.

Le 2 frimaire de la même année les administrateurs du département de la Somme approuvèrent les délibérations du conseil municipal du 29 vendémiaire.

Cette seconde délibération, pas plus que la première, ne fut suivie d'exécution: les coteries, les passions, les mêmes préjugés qui faisaient appréhender de fouiller une terre dont on craignait les émanations délétères, le clergé, enfin, qui tenait lui aussi à ses prérogatives, à ses cimetières particuliers, ne permirent point encore une fois de réaliser un projet aussi utile qu'humain.

Des années s'écoulèrent, et on oublia bientôt et le *Champ des Tombeaux* et la destination qu'on lui avait affectée. Aussi n'est-ce pas sans quelque émotion que les contemporains, en jetant un riant coup-d'œil sur le passé, pensent encore à la ferme de la Madeleine, où ils allaient, non comme aujourd'hui pour prier sur des tombeaux, mais pour se livrer aux charmes de la promenade et de la méditation.

Cet enclos resta affermé à un particulier et fut toujours un lieu fort recherché par les habitants qui y allaient en partie de plaisir pour boire du lait.

> Déjà ces lieux invitaient au mystère,
> Le sentiment y naissait sans effort:
> Le poète, l'amant, le philosophe austère,
> Chacun satisfait de son sort,
> Livrait son cœur aux jouissances
> Qu'offre le silence des champs,
> Et des fleurs les riches nuances,
> Et des oiseaux les plus doux chants.
> La méditation dans ces saintes retraites
> Offre et toujours offrit des voluptés secrètes.

Cependant il faut dire, pour être exact, qu'après chaque délibération, des plans étaient levés, les carrés distribués sur le papier ; mais aussitôt qu'il s'agissait d'exécuter les travaux, l'esprit de routine, l'ignorance et la superstition venaient se jeter au travers des bonnes intentions des administrateurs, obligés de céder devant les mille et un embarras qu'on leur suscitait. Enfin les agitations politiques et les diverses administrations qui se succédaient ne contribuèrent pas peu à retarder l'ouverture de ce cimetière.

Le 27 pluviose an IX, le comité d'administration et de police, par l'organe de l'un de ses membres, fit un rapport que nous reproduisons entièrement, car il résume parfaitement la situation de la ville, à l'époque où il fut fait, relativement au sujet qui nous occupe.

« Parmi les objets d'administration civile et de po-
» lice dont vous avez confié l'examen à votre comité,

» il en est un qui nous a paru bien mériter toute
» votre sollicitude, c'est la nécessité de rendre aux
» convois funèbres une décence oubliée depuis trop
» longtemps et vivement réclamée par toutes les âmes
» honnêtes et sensibles.

» Le respect pour la cendre des morts est un sen-
» timent religieux commandé par la nature, qui a été
» partagé sans interruption par la succession de tous
» les siècles et de tous les âges, par les peuples les
» plus barbares comme les plus policés.

» Ce sentiment a même fait partie de la religion et
» du culte de toute l'antiquité, c'est une des grandes
» idées primitives innées dans le cœur de l'homme
» et qui ne peut s'en effacer, parcequ'elle s'y trouve
» liée avec celle de l'immortalité de l'âme et de l'exis-
» tence de la divinité, et fondé sur le sentiment inté-
» rieur et la conscience que l'homme a de sa dignité
» et de son excellence au-dessus de toutes les autres
» créatures.

» Dans les temps les plus reculés, la construction
» de ces masses orgueilleuses en Egypte, qui ont
» survécu aux révolutions des siècles, de ces tom-
» beaux magnifiques, de ces mausolées qui furent
» regardés comme les merveilles du monde ; chez les
» Grecs, les Romains, les jeux funéraires, les bois sa-
» crés, la pompe des funérailles, l'exécration vouée
» aux profanateurs des tombeaux, les apothéoses ;

» chez nos ancêtres, la fondation de tant d'édifices et
» de monuments de leur piété et de leur gratitude pour
» les morts, portent l'empreinte et le sceau des céré-
» monies augustes et si touchantes de la religion.
» Tout enfin depuis l'origine des siècles jusqu'à ce
» jour prouve combien tous les hommes ont cru de-
» voir consacrer par un culte religieux le sentiment
» de vénération dû à la cendre de nos pères.

» Si ce sentiment est un devoir religieux fondé sur
» le respect que nous devons à la dignité et à l'excel-
» lence de notre être, de nos espérances et de nos
» destinées, il a encore toujours été un devoir moral
» et bien touchant à remplir, et un des appuis les
» plus intéressants des mœurs, puisqu'il est aussi
» fondé sur une des facultés et des prérogatives les
» plus essentielles au cœur de l'homme, sur la sen-
» sibilité qui lui est naturelle, et sur l'affection que
» nous portons naturellement à tous les hommes,
» aussi partout est-il devenu l'expression fidèle et
» touchante de la reconnaissance, de l'amitié, de la
» piété filiale, de la tendresse conjugale, partout il a
» été assez puissant pour se faire entendre jusqu'au
» milieu des horreurs de la guerre et des combats;
» seul il a pu répandre quelques douceurs sur les
» amertumes de la vie; offrir quelques consolations
» aux pertes et aux privations les plus douloureuses,
» et faire retrouver de douces jouissances dans le sou-
» venir tendre et pieux des chers objets de nos affec-

» tions. Quel est l'homme en effet qui ne puisse pas
» jouir délicieusement de la consolation d'aller quel-
» quefois se recueillir dans une douce et pieuse mé-
» lancolie, auprès de la tombe d'un père respecté,
» d'une mère tendre, d'une épouse chérie, d'y pou-
» voir semer quelques fleurs et y répandre les plus
» douces larmes.

» Parmi les hordes les plus sauvages, la mère
» éplorée cherche à tromper ses douleurs en venant
» couvrir de fleurs le tombeau de son jeune enfant,
» et lui offrir encore les dernières libations de son
» lait, bientôt épuisé par ses larmes et sa douleur.
» *Comment pourrions-nous,* répondaient les barbares
» les plus sauvages, *en quittant nos forêts emporter*
» *les ossements de nos pères?*

» Sentiments touchants, expression caractéristique
» qui attestent la sensibilité si naturelle à l'homme,
» et toutes les facultés expansives de son âme.

» Comment se peut-il, citoyens, que nous, cette
» nation depuis longtemps si vantée pour l'urbanité,
» la douceur de ses mœurs, aujourd'hui l'objet de
» l'étonnement, de l'envie, de l'admiration de toute
» l'Europe, si près d'arriver à l'apogée de la gloire ;
» comment se peut-il que nous soyons aussi la seule
» nation qui ait oublié le respect dû à la cendre des
» morts, à celle de nos bienfaiteurs, de nos amis, de
» nos parents, et presque, jusqu'à ce jour, à celle

» de nos défenseurs, de ces héros qui ont versé leur
» sang pour nous ?

» Qui de nous, citoyens, n'est pas profondément
» humilié du triste spectacle de nos convois funèbres
» et de celui, plus ignominieux encore, de nos sépul-
» tures? Qui de nous n'est pas douloureusement af-
» fecté d'entendre nos amis mourants, obligés de
» demander, comme un dernier témoignage d'affec-
» tion, d'être transporté dans une terre plus hospita-
» lière, et de solliciter pour leur cendre un asile plus
» tranquille et plus religieux ?

» Il n'y a que quelques années que notre ville
» possédait encore pour les sépultures publiques, un
» vaste emplacement connu depuis si long-temps sous
» le nom de *cimetière de St.-Denis*. Ce cimetière,
» autrefois hors des murs, et depuis renfermé dans
» leur enceinte par l'agrandissement successif de la
» ville, était bien fermé, soigneusement gardé, et
» avait été depuis long-temps pieusement décoré par
» nos frères.

» La nécessité reconnue pour la salubrité des gran-
» des villes, de transporter hors de leur enceinte les
» sépultures, avait fait ordonner dès **1776** par le
» gouvernement de choisir pour cette destination un
» autre local hors de nos murs.

» Quelques empêchements avaient retardé l'exécu-
» tion de cette détermination salutaire et fait hésiter

» sur la fermeture de ce cimetière, et sur le choix
» d'un autre local pour le remplacer.

» Les premiers évènements de notre révolution
» ont tranché la difficulté et résolu brusquement
» la question : le cimetière de *St.-Denis* a été con-
» verti en un a.elier de salpêtre.

» Peut être aurait-on dû choisir un autre emplace-
» ment et respecter la destinatisn de celui-ci, mais
» au moins est-il vrai qu'il a paru révoltant à tout le
» monde que des mains barbares et sacriléges aient
» osé se faire un jeu de profâner et de détruire tous
» les monuments de la piété de nos pères et de nos
» citoyens contemporains.

» N'était-ce pas assez que tous ces êtres vivants
» fussent alors si violemment agités par la tempête,
» et fallait-il encore qu'elle vînt troubler le repos et
» la cendre des morts ?

» Cette prise de possession du cimetière de *St.-*
» *Denis*, et la nouvelle destination obligèrent l'admi-
» nistration municipale de désigner d'autres empla-
» cements pour les sépultures. On désigna d'abord les
» fossés de la ville, ensuite quelques portions de
» champs sur le territoire des faubourgs de St.-Pierre,
» Noyon, et la Hote-Toie : Il ne reste aujourd'hui que
» ces deux emplacements pour les sépultures.

» Le choix qu'on a fait ne peut être excusé que
» par la précipitation avec laquelle il a fallu le faire,

» celui surtout du faubourg de la Hote-Toie, est on
» ne peut plus mal choisi, et d'une indécence révol-
» tante.

» Cet emplacement très-resserré se trouve presque
» au pied des murs de la ville, dans la direction des
» vents dominants dans ce pays, qui en chassent sans
» cesse les exhalaisons fétides sur la ville, sous les
» regards de la promenade publique des remparts,
» sans aucune clôture de mur, de haie, ni même de
» fossés, les corps y restant exposés à la voracité des
» animaux féroces, à la spoliation et aux insultes de
» monstres plus féroces encore, des profanateurs et
» violateurs des tombeaux.

» Il est affligeant, il sera honteux pour nous au-
» près de la postérité, d'être obligé aujourd'hui de
» faire un exposé et des aveux aussi humiliants; nous
» devons cependant ajouter pour notre justification
» que nos concitoyens n'ont pas cessé de réclamer
» contre une pareille indécence, et que les adminis-
» trations précédentes ont cherché le moyen de la
» réparer.

» A plusieurs époques, il a été présenté différents
» projets pour pourvoir d'une manière décente et con-
» venable aux inhumations hors des murs, et notam-
» ment le 29 vendémiaire en V. L'administration a
» adopté un projet avec un rapport très intéressant
» dès le 29 floréal an IV.

» Ce projet proposait de consacrer aux sépultures,
» l'enclos fermé de murs et appartenant à la com-
» mune, situé à l'Occident de St.-Maurice, et connu
» sous le nom d'enclos de la Madeleine.

» Si la commune eut eu quelques propriétés pro-
» pres à cet usage, on eut pu en faire l'acquisition à
» peu de distance, et à l'Est de la ville ; cette posi-
» tion nous eut paru encore plus sûre pour la salu-
» brité, parce que les vents de l'Est soufflent assez
» rarement dans ce pays, et qu'on eut eu moins à
» craindre encore le transport d'aucune exhalaison
» malsaine, mais l'enclos proposé de St.-Maurice
» est assez distant de la ville, pour n'avoir pas beau-
» coup à craindre ce danger, et il nous a paru d'ail-
» leurs réunir assez de convenance pour devoir vous
» le proposer de nouveau, et même vous solliciter
» d'adopter en entier le projet dont nous venons de
» vous parler, et déjà proposé et arrêté en vendé-
» maire an V.

» Un seul obstacle nous a paru avoir retardé jus-
» qu'ici l'exécution de ce projet. Le citoyen Saint Ri-
» quier, de cette commune, avait fait sa soumission
» pour l'enclos de la Madeleine, et il vient encore
» d'en demander l'effet par une nouvelle pétition au
» préfet du 18 brumaire an VIII. L'administration
» municipale, à plusieurs époques, a combattu la
» demande du citoyen Saint Riquier, et elle nous a
» paru l'avoir fait de nouveau péremptoirement par

» la réponse du citoyen Maire le mois suivant. Nous
» ne pouvons pas ici rapporter la réponse de l'admi-
» nistration municipale, aux prétentions du citoyen
» Saint Riquier, nous ne pouvons qu'inviter le con-
» seil-général à entendre la lecture des originaux.
» Nous nous contenterons de remarquer ici, d'après les
» observations de l'autorité municipale, que les sou-
» missions sur les biens communaux de la ville tom-
» baient à faux dès le principe et ne devaient pas être
» convenables, attendu qu'aux termes de la loi du 24
« août 1793, les biens communaux n'étaient réputés
» bien nationaux, et par conséquent aliénables au
» profit de la nation, qu'autant seulement que les
» dettes passives de la commune excéderaient celles
» actives, et que la nation ne pouvait se saisir de
» ces biens communaux, que jusqu'à la concurrence
» seulement de cet excédent, et que bien loin que les
» dettes passives de la commune excédassent son ac-
» tif, l'administration avait au contraire prouvé que
» son actif excédait son passif dans les proportions
» de 10 à 4.

» Nous ajouterons que d'après l'article 91 de la
» même loi du 24 août 1793, la nation n'entendait
» pas se saisir des objets destinés pour les établisse-
» ments publics. Or, l'enclos de la Madeleine, autre-
» ment dit des pestiférés, avait originairement servi
» à séquestrer les malades attaqués de la peste, qui
» atteignit notre ville en 1669.

» L'heureuse exemption de ce fléau depuis cette
» époque, avait permis d'interrompre l'usage et la
» destination de cet enclos, mais dès 1785, l'admi-
» nistration municipale avait arrêté de lui donner une
» destination publique aussi salubre que nécessaire en
» y transportant les sépultures, en exécution de la
» loi du 20 mars 1776. Toutes les administrations
» municipales qui se sont succédées n'ont pas trouvé
» pour les inhumations d'endroits plus convenables
» que ce local, et ont persisté à le déterminer et le
» désigner pour les sépultures publiques ; ainsi on
» peut dire avec vérité, que cet enclos a toujours été
» regardé comme un local destiné aux établissements
» publics, et par conséquent a dû faire partie des
» exceptions sagement exprimées par l'article 91 de
» la loi du 24 août 1197.

» En effet, priver les citoyens d'une ville des objets
» d'une utilité publique et reconnue, c'est les dé-
» pouiller des avantages de leur réunion sociale, de
» leur droit de cité, de leur véritable propriété. Si
» l'emplacement que nous réclamons aujourd'hui
» est aussi nécessaire que nous le pensons, pour re-
» cevoir d'une manière décente et convenable le dé-
» pôt de la dépouille mortelle de nos concitoyens, ce
» serait une véritable injustice d'en vouloir dérober la
» propriété à notre cité.

» Nous ajoutons encore, d'après les dernières opéra-

» tions de l'autorité municipale, que le citoyen St.-
» Riquier est bien faiblement intéressé dans la ré-
» clamation qu'il a faite de cette partie des biens de
» la ville qu'il a soumissionnée, il a prétendu que cet
» enclos devait y être compris à raison d'un reliquat
» de six mille livres de consignations, mais ces six
» mille livres consignées en promesses de mandats ne
» valaient au 1er pluviose, an V, qu'un pour cent,
» et ne présentent qu'une valeur réelle de 60 fr. Nous
» croirions faire injure au citoyen St.-Riquier, que
» de croire qu'il puisse contester à ses concitoyens
» une propriété dont il ne pourra lui même mécon-
» naître les nécessaires et respectables destinations.

» Nous espérons donc, citoyens, que rien ne s'op-
» posera plus à l'exécution d'un projet générateur
» désiré. Un gouvernement sage, les premières auto-
» rités, nos administrateurs, toutes les classes de nos
» concitoyens invoquent aujourd'hui la régénération
» des mœurs ; ce sera seconder leurs efforts et leurs
» désirs, que de rendre aujourd'hui par votre déter-
» mination un hommage solennel aux droits de la
» morale, et de l'humanité depuis long-temps outra-
» gés par l'oubli du respect dû à la cendre des morts.

Tel est le remarquable rapport présenté, pour la troisième fois dans l'espace de 16 ans, à l'approbation du conseil municipal qui, après chaque lecture, l'avait adopté à la presque unanimité.

Cette fois encore le conseil arrête :

» Il y aura un lieu de sépulture commun à tous les » habitants de la ville.

» L'enclos de la Maladrerie est destiné à cet usage, » et sera appelé le *Champ des Tombeaux.* »

Cette délibération eut le même résultat que les précédentes, elle souleva de nombreux mécontentements parmi la population ; aussi n'était-il sortes de prétendues difficultés invincibles qu'on ne fît valoir contre le projet.

Le 5 ventôse de la même année, le comité des finances fit un rapport sur les moyens et dépenses du *Champ des Tombeaux*, et sur l'organisation du service des sépultures. A cette occasion le rapporteur donne connaissance d'un Mémoire d'observations qui lui a été remis, et qui tend à prouver que le terrain de la Madeleine, choisi pour cette destination, n'y est pas propre, étant presque entièrement composé d'un tuf qui résiste à la bêche.

L'assemblée avant de passer plus avant dans l'examen de ce projet, pria M. le Maire de faire faire des fouilles dans ce lieu, partout où il les jugerait le plus nécessaire, et de lui en faire connaître le résultat le plus incessamment possible.

Le lendemain, le président de la commission rendit compte des fouilles, qui avaient été ordonnées dans le terrain de la Maladrerie, afin de s'assurer s'il était impraticable.

« Le résultat de notre expérience, dit le président, » fait connaître que dans la partie basse de ce lo-» cal, qui est au niveau des marais, l'eau est à très-» peu de distance de la surface de la terre : que cette » partie serait par conséquent peu propre aux sépul-» cres, mais qu'elle serait avantageuse pour y faire » des plantations qui auraient le double avantage » d'être productives et de décorer convenablement un » lieu qui commande le silence et le recueillement ».

» Quant au terrain supérieur, il a été fait une fosse » de cinq pieds de profondeur dans l'endroit le moins » susceptible d'être fouillé, et cette fosse a été exé-» cutée dans trois heures et avec beaucoup de facilité. » Il semblerait donc d'après ce résultat que les crain-» tes que l'on paraissait avoir sur les difficultés que » présentait le terrain n'ont pas d'objet, et que rien » ne doit plus s'opposer au choix qui avait été fait par » l'assemblée de ce local pour en faire un lieu de sé-» pultures. »

Suivent plusieurs observations à l'effet de combattre diverses observations présentées par certaines personnes, relativement au mauvais état des chemins et l'éloignement de ce lieu qui en rendraient la fréquentation difficile. On répond, entr'autres choses, que tout le monde est d'accord sur la nécessité d'établir des chemins, et qu'en ce qui concerne l'éloignement du cimetière projeté, les jours consacrés à la visite des tombeaux ne se renouvellent pas assez souvent pour arrêter dans l'exercice de ce devoir, ceux qu'un sentiment pieux y conduit.

D'autres membres proposent de substituer à la Maladrerie des portions de terrain du *Plein-Seau* ou du marais d'*Huy*, comme plus propres à cette destination et plus rapprochés de la ville.

Cette proposition est combattue par les motifs qu'il ne paraît pas convenable de placer les sépulcres dans un lieu contigü à la Voirie, et qu'on confond souvent dans cette dénomination ; ensuite parce qu'il ne serait pas séant de choisir un emplacement destiné de tout temps à recevoir les vidanges des latrines de la ville.

D'après ces considérations, le conseil persiste dans sa délibération du 27 pluviose dernier.

Le conseil décide encore qu'une somme de 8,000 fr. est allouée pour faire face aux constructions, plantations et réparations jugées utiles.

On voit d'après la divergence des opinions sur cette matière, que le dernier mot n'était pas dit, et que la question n'avançait pas beaucoup.

Le XVI floréal an X, le Maire, dans son rapport d'administration, expose que l'encles du champ destiné à la sépulture des habitants exige de promptes réparations, l'indécence des inhumations étant à son comble ; que lorsque l'ordre renait partout, lorsque la morale reprend ses droits, on ne peut pas plus longtemps tolérer un pareil scandale.

Le conseil décide encore qu'il n'y a qu'un avis sur la nécessité de se mettre enfin en état de rappeller la plus grande décence dans les inhumations, en conséquence il vote une somme de 17,465 fr., qui doit être répartie entre les travaux à exécuter au port et ceux que nécessite l'établissement du nouveau cimetière.

Nous nous sommes assuré que la somme de 8,000 fr. votée précédemment n'avait pas été employée, ce qui a nécessité le vote de cette nouvelle allocation, qui, pas plus que les précédentes, n'a été utilisée selon son objet.

Aussi le 26 nivose an XII, nouvelle délibération motivée par les mêmes considérations, et nouvelle allocation de 8,000 fr.

Le 13 thermidor de la même année, on accorde 13,000 fr. pour l'achèvement des travaux à exécuter au nouveau cimetière *du Champ des Tombeaux*.

On a peine à s'expliquer, en présence de décisions aussi rapprochées et aussi explicites, comment ce cimetière, dont l'impérieuse nécessité se retrouve exprimée dans toutes les délibérations concernant cet établissement, est toujours délaissé après chacune d'elles. Il faut pour s'en pénétrer nécessairement se reporter aux époques où cette question de salubrité et de haute sagesse s'agitait : Telle administration qui s'en occupait avec sollicitude, était remplacée par une autre qui ne s'en occupait elle-même qu'au moment de son remplacement, en sorte que cette grande question était toujours stationnaire.

Le 14 mai 1808, un nouveau rapport est fait au conseil municipal en ces termes :

« Depuis longtemps nous avons à souffrir de la ma-
» nière scandaleuse avec laquelle les inhumations
» ont lieu.

« Le gouvernement a mis la commune à portée de
» réaliser les projets depuis longtemps conçus. L'en-
» clos de la Maladrerie défendu contre les entreprises
» des soumissionnaires des biens communaux, a été
» disposé pour la sépulture commune ; les bâtiments
» ont été relevés, les clôtures rétablies. L'enclos qui
» contient 18 arpents, dont au moins douze en ter-
» rain propre aux inhumations, donnera les moyens
» d'exécuter les dispositions du décret impérial qui
» prescrit de n'ouvrir les fosses qu'après cinq an-
» nées.

» On avait conçu des craintes sur le retour des ma-
» ladies contagieuses qui ont autrefois désolé notre
» cité ; on avait pensé que le remuement des terres
» pourrait être pernicieux dans un lieu où l'on sup-

» posait que l'on avait enterré des pestiférés, lors de
» la contagion de 1668, mais toutes les craintes sont
» dissipées, un rapport circonstancié a été fait à ce
» sujet à M. le Préfet par les commissaires qu'il a
» choisis *ad hoc.*

» La commune qui a dépensé 25,000 fr. pour ce
» bel établissement espérait en recueillir des produits
» considérables, mais il n'est plus possible d'y comp-
» ter puisque d'après le décret impérial les produits
» sont attribués aux fabriques et aux hospices.

» Les règlements sont faits, ils recevront leur exé-
» cution aussitôt que le parachèvement du chemin de
» St.-Maurice permettra d'ouvrir le cimetière.

» Aux termes de la loi tous les cimetières actuels
» qui ne sont pas à la distance prescrite des habita-
» tions devront être fermés, et la commune pourra
» par la suite en disposer à son profit. »

Les conclusions de ce rapport furent unanimement adoptées. Mais on continua d'enterrer dans les cimetières alors établis, savoir : *le Blamont, St.-Roch, St.-Honoré et St.-Acheul.* Les faubourgs de Beauvais et de St.-Pierre avaient aussi leurs cimetières dans lesquels on inhumait des personnes de la ville.

L'enclos de la Maladrerie était alors vierge des belles plantations qu'on y remarque actuellement ; la partie supérieure était d'un aspect aride par la nature de son terrain, espèce de craie blanchâtre que les rayons du soleil faisaient miroiter d'une manière fort désagréable à la vue. La partie basse au contraire était riche de végétation, l'eau qui baignait presque la surface raffraichissait le sol sur lequel croissaient de magnifiques prairies et un plan de mûriers.

Sa contenance, comme on l'a vu par la lecture du rapport qui précède, était de dix-huit arpents seulement, et il était borné au Nord par le mur qu'on y remarque encore, mais qui actuellement sert de délimitation entre l'ancien cimetière et le nouveau, qui date de 1828.

Le 1er septembre 1811, peut être considéré comme un jour des plus remarquables dans l'histoire du cimetière de la Madeleine. M. Duval, qui le premier avait proposé, en 1785, de consacrer l'enclos de l'ancien hôpital de St.-Ladre, connu sous le nom de la *Maladrerie*, à un cimetière général destiné à la ville d'Amiens et à ses faubourgs, y fut inhumé le premier, en exécution de l'une de ses dernières volontés. Citoyen dévoué, magistrat éclairé, il voulut que sa mort même fut utile à son pays, en hâtant une amélioration que l'ignorance des uns et l'intérêt des autres s'obstinaient à retarder au préjudice du présent et de l'avenir.

Sa sépulture fut creusée au Sud-Est de l'enclos dans le carré A, et recouverte d'une pierre placée horisontalement, sur laquelle on remarque une épitaphe, à demi-effacée, qu'on a, selon nous, le plus grand tort de ne pas entretenir en meilleur état de propreté, afin d'en faciliter la lecture aux générations qui se succèderont. Nous avons eu toutes les peines du monde à la lire ; il nous a fallu beaucoup de persévérance, et le vif désir de l'offrir à nos lecteurs pour y être parvenu.

La voici telle que nous l'avons lue :

« Jean-Baptiste-Augustin-Joseph-Alexandre Duval, né
» à Oisemont le 26 septembre 1770, décédé à Amiens le 3o
» août 1811.

» Doyen des conseillers de S. M. en la cour royale, mem-
» bre et ancien président du collége électoral de l'arrondis-
» sement d'Amiens.

» Le premier il voulut qu'on pratiquât ici
» Hors la cité ce cimetière,
» Il voulut pour l'exemple et que sa tombe aussi,
» L'on y préparât la première.

» Puissent ses contemporains et la postérité lui en savoir
» quelque gré. Daigne aussi l'incompréhensible ordonnateur
» de l'Univers, l'associer dans l'éternité aux secrets profonds
» de la divine providence, qu'il n'est pas donné aux hommes
» de pénétrer.

Et au bas de la pierre est cette inscription latine :

» Filius hæc sculpsit jussa ipso verba parentis
» Cujus in ipso mens pectore sculpta manet

» A nato potuit mors sola abjungere patrem
» Quem gemet hic dum mors cum patre jungat eum.

TRADUCTION :

» Telles sont les paroles qu'un fils a écrites sous l'ordre
» exprès de son père.

» De ce père dont le souvenir reste gravé dans le cœur
» de son enfant ! la mort seule a pu séparer le père de son
» fils ; le fils pleurera son père jusqu'à ce que la mort le réu-
» nisse à lui.

Un tel hommage du fils au père, élève l'un à la hauteur de l'autre.

Et nous aussi, nous y joignons le nôtre ; puisse l'intention en faire excuser la faiblesse :

Illustre citoyen, dont les vastes lumières
De tes contemporains dispersaient les erreurs,
Toi qui des préjugés renversas les barrières,
Et pour tes descendants régénéras les mœurs,
Du haut des cieux, sans doute, où ta belle âme habite,
Jouis de tes bienfaits dont nous sentons le prix :
Va, si le souvenir des morts passe bien vîte,
Le tien ne mourra point au sein de ton pays!

La tombe de M. Duval est d'une modeste simplicité, dépouillée de ces ornements qui attestent plus d'orgueil de la part des vivants, que de vénération et de respect pour ceux que la terre recouvre ; elle est entourée de quatre sycomores et de deux acacias dont les branches répandent une ombre protectrice sur ce dernier asile du citoyen qui contribua si puissamment à l'établissement de ce champ du repos.

Lors du décès de M. Duval, la ville était régie par les réglements, non exécutés, qui convertissaient l'enclos de la Madeleine en cimetière général pour la ville. Cependant ce n'était encore qu'une ferme que la ville louait chaque année à un individu qui l'exploitait, et où les habitants allaient par curiosité voir cette tombe isolée qui leur offrait un exemple dont ils ne comprenaient pas encore toute la valeur.

Cette première inhumation fit pressentir que le moment n'était pas éloigné où il faudrait en finir avec cette question, et si ce n'eût été la situation politique de l'époque, un an ne se serait pas écoulé sans voir se réaliser et les vœux de M. Duval et les intentions de l'administration. On commença dès lors à travailler sérieusement à l'accomplissement de cet éternel projet sans fin, mais plusieurs années dûrent encore s'écouler avant de triompher de tous les obstacles.

M. Legrand, conservateur du Jardin des Plantes, possédait une maison d'habitation à Long-Pré-les-Amiens. Depuis longtemps il sollicitait un chemin qui rendît plus facile la communication de la ville à ce hameau, et il faisait valoir à l'appui de ses sollicitations l'utilité de ce chemin pour le cimetière projeté. Enfin en 1814, dans les premiers mois, on céda à ses désirs, et, à l'aide de quelques ateliers des travaux de charité de la ville, on établit le beau chemin qui existe actuellement. Une plantation de peupliers, due aux soins du même M. Legrand, bordait ce chemin de chaque côté, depuis Long-Pré jusqu'au mur Ouest de l'enclos. Ce n'est que plusieurs années après que la plantation fut continuée jusqu'au mur opposé.

Pour clore le terrain attenant à la ferme, que l'établissement du nouveau chemin laissait ouvert, on l'entoura d'une haie sèche, à laquelle on substitua en 1818 et 1819 une haie double en épines que partageait un fossé qui longeait la façade dans toute sa longueur. La plantation de cette dernière haie fut dirigée par M. Carpentier, directeur alors comme aujourd'hui des plantations de la ville. Quant à la haie sèche, elle fut établie par le sieur Joly, concierge de l'établissement.

Ce n'est qu'à trois années de distance de la première inhumation, celle de M. Duval, qu'eut lieu la seconde. M. Debray Valfresne, jeune militaire plein d'avenir, ayant succombé aux fatigues de la guerre, de cette guerre comme on la faisait sous l'empire, sa famille le fit inhumer dans l'enclos de la Madeleine, à six pas environ au Sud-Ouest de M. Duval. Elle avait prévu sans doute que le moment où on devait consacrer ce lieu aux sépultures publiques ne devait pas être éloigné, et qu'en le choisissant pour déposer les dépouilles mortelles de ce jeune homme, on les mettait à l'abri de l'isolement et de certaines profanations qui ont lieu le plus souvent dans un cimetière abandonné, auquel ne s'attache plus cette même crainte, ce même respect qui dominent le vulgaire à l'égard d'un cimetière en service.

La tombe de M. Debray Valfresne est aussi simple que celle de M. Duval; une modeste pierre sur laquelle on lit la courte biographie de ce jeune homme, que la mort a si prématurément enlevé à la carrière des armes et à sa famille, en est l'unique ornement.

Son épitaphe est ainsi conçue :

« François-Paul Debray Valfresne, écuyer, premier ma-
» réchal-des-logis chef du 1er régiment des gardes d'hon-
» neur. Décédé le 18 mars 1814 des suites de la guerre à
» l'âge de 19 ans.

» Pour prix de sa valeur il fut créé chevalier de la lé-
» gion-d'honneur le 22 du même mois. Mais, hélas! il
» avait déjà cessé de vivre.

» Il fut bon fils, bon frère, ami fidèle et brave militaire.

» Malheureux à jamais, les tristes auteurs de ses jours
» lui ont consacré cette pierre, faible soulagement de leur
» éternelle douleur! »

Nous allons passer rapidement à l'époque de l'ouverture définitive de ce cimetière, nous bornant à relater les faits les plus saillants qui l'ont précédée.

Le 10 mai 1816, le conseil municipal, visant les différentes lois et arrêtés de la ville sur les inhumations, arrête qu'il sera procédé à l'adjudication du transport des morts, et que les inhumations auront définitivement lieu à la Madeleine, de préférence au cimetière de Saint-Roch.

Le 29 août suivant y fut inhumé le sieur Bruno-Vasseur qui, le 25 au soir, jour de la St.-Louis, tomba du haut du clocher de la cathédrale, en dehors. Il y était monté pour poser un lampion à l'occasion de la fête du roi.

Son tombeau, situé à l'entrée du cimetière, à gauche de la deuxième allée latérale à droite, dans la plaine F, est remarquable par la pierre en beau grè sur laquelle est sculpté du haut en bas et en relief une croix. A la tête sont également sculptés le soleil et la lune, et aux pieds une tête et des os de mort en croix ainsi qu'un crapaud. Bruno-Vasseur avait acheté cette pierre, dont on ignore l'origine, longtemps avant sa mort; elle provenait du cimetière de *St.-Firmin-la-Pierre*, et il l'appelait sa *pièce d'estomac*. Plus tard un ange en marbre blanc y fut placé en tête. Ce dernier objet n'a rien de remarquable comme sculpture. Il faisait autrefois partie du monument de Jean de Lagréné, abbé de l'abbaye de St.-Jean d'Amiens.

Le 21 janvier 1817, le Maire soumet un projet de M. Adrien de Calonne, tendant à faire les convois mortuaires par bateau. Le conseil repousse, le 22 février suivant, ce projet comme présentant de grands obstacles, et adopte définitivement le mode de transport par corbillard.

Le 23, nouvelle délibération du conseil, par laquelle M. le Maire est prié de s'entendre avec l'autorité ecclésiastique, pour obtenir un prêtre qui fasse sa résidence dans le bâtiment du cimetière, à l'effet de donner la sépulture ecclésiastique aux morts, les ministres du culte s'obstinant à ne pas vouloir les accompagner jusqu'au lieu de l'enterrement. Prière est faite aussi à Mgr. l'Evêque de bénir avec la plus grande pompe, et dans le plus court délai possible le nouveau cimetière.

En avril suivant, on y enterra tout-à-fait à côté de M. Duval, M. Couture, Jean-Baptiste, avocat et avoué à Amiens. Sa sépulture, recouverte d'une pierre ordinaire, n'offre rien de remarquable.

A partir de cette époque, on s'occupa activement des travaux nécessaires à l'ouverture de cet établissement. Le terrain fut distribué avec goût, soit pour les sépultures, soit pour la plantation des massifs, qui forment les plus beaux ornements de ce lieu.

La porte d'entrée principale était placée à l'angle du mur Sud-Est; c'est à cette époque qu'elle fut établie où elle est actuellement, mais avec des pilastres en briques rouges auxquels on substitua en 1840 les quatre qu'on y remarque maintenant, lesquels proviennent de l'ancien cimetière de St.-Denis. La barrière à claire-voie, qui fait solution de continuité avec la haie, à droite et à gauche, fut placée en même temps que ces pilastres, et a la même origine.

Les plantations et la restauration des bâtiments ne se terminèrent que deux ans après environ, vers la fin de 1819 ; cinq à six cents ouvriers des travaux de charité y furent employés.

Le 7 juillet 1817, le Maire prenait l'arrêté suivant :

« Vu l'acte du gouvernement du 23 prairial an
» XII sur les sépultures, portant à l'article 2 qu'il
» y aura hors des villes ou bourgs à la distance de 35
» à 40 mètres au moins des terrains spécialement
» consacrés à l'inhumation des morts.

» Vu la délibération du conseil municipal sous la
» date du 22 février 1817.

» Considérant que toutes les mesures nécessaires
» pour assurer l'exécution de cette délibération ont
» été prises conformément aux lois et règlements ;

» Arrête ce qui suit :

» 1.º Suivant les dispositions concertées entre Mgr.

» l'Évêque et la mairie, la bénédiction du cimetière
» commun de la Maladrerie, aura lieu suivant les
» rites religieux, en présence des autorités civiles et
» militaires, le dimanche 13 juillet courant à quatre
» heures de relevée.

» 2.º A compter du 15 juillet, ce cimetière ser-
» vira seul aux inhumations, en exécution de l'ar-
» ticle 2, de l'acte du gouvernement du 23 prairial
» an XII précité.

» 3.º Conformément à l'article 8, du même acte,
» les cimetières actuellement existants seront fer-
» més à dater de la même époque, et resteront
» dans l'état où ils se trouveront. »

Suivent d'autres prescriptions relatives au mode du transport des morts, qui aura lieu par corbillard, et dont le sieur *Sevette-Scribe* fut le premier entrepreneur.

Le 20 juillet de la même année, eut lieu la bénédiction solennelle du cimetière, dont nous relatons les détails avec la plus grande exactitude possible.

A 4 heures après-midi, le clergé de toutes les paroisses et MM. du chapitre, escortés par des détachements de la garde nationale, du cinquième régiment de la garde royale, des chasseurs à cheval de la Vendée et par la gendarmerie, se rendit processionnellement de la cathédrale à ce nouveau cimetière.

Après la bénédiction, un discours, que l'affluence des fidèles qui remplissaient cet enclos n'a permis qu'à peu de monde d'entendre, fut prononcé par l'abbé *Sellier*, l'un des directeurs du petit séminaire de St.-Acheul.

M. le vicomte Blin de Bourdon, maire d'Amiens, posa ensuite la première pierre d'un calvaire, qui devait être construit dans la partie la plus élevée du cimetière.

M. le premier président de la cour royale d'Amiens, le prince de Croï-Solre, MM. les conseillers de préfecture, le conseil municipal et le tribunal de commerce assistèrent à cette cérémonie.

Après la cérémonie, le cortége se rendit dans le même ordre à la cathédrale, où fut chanté un salut, et la bénédiction donnée aux assistants.

Le 15 août, M. le Maire mit sous les yeux du conseil le devis des travaux à faire au cimetière de la Madeleine, pour l'établissement de la chapelle, du logement du concierge, la construction d'un calvaire, etc.; le devis présenté s'élevait à la somme totale de 16,380 fr.

Mais M. le Maire pensa qu'un fonds de 10,000 fr. suffirait provisoirement. Il établit de la manière suivante les moyens de se les procurer :

L'entreprise des corbillards, dit-il, rend à la commune . . . . 6,350 f. par an.

IL FAUT EN DÉDUIRE :

1.º Le traitement du chapelain. . . . . 1,000 f.
2.º Les gages du gardien. 350
} 1,350

Reste un excédant de. . . 5,000 fr.

Et il demanda qu'il fût porté au budget de 1818, une somme de 5,000

Ce qui donnera. . . . . 10,000 fr.

Cette somme était insuffisante pour les travaux à faire. Le surplus, toujours d'après l'avis du Maire, devait être prélevé les années prochaines sur ce que l'entreprise des corbillards rendrait à la commune.

Cette proposition fut adoptée sans discussions.

Dès ce moment le nouveau cimetière était bien et dûment ouvert ; il avait reçu la consécration religieuse et civile, les autres cimetières furent donc rigoureusement fermés. Mais les répugnances, le mauvais vouloir n'avaient pas cessé d'exister ; l'exemple de M. Duval et des autres inhumations n'avait point dessillé les yeux d'une population qui ne voulait voir dans cet établissement que sa destination originaire, qui devait en rendre le contact dangereux pour les cadavres comme pour les vivants. Beaucoup de familles sollicitaient l'autorisation de faire inhumer leurs amis et parents dans les cimetières des communes voisines. Il n'y avait presque que les artisans qui, ne pouvant subvenir aux frais de ces sortes d'inhumations, étaient obligés, quoique à regret, de se conformer à la prescription municipale.

Le dimanche 17 du même mois, eut lieu une cérémonie aussi solennelle qu'imposante et qui devait vivement influer sur le peuple, et par suite vaincre ses préjugés. Mgr. de Mandolx, Évêque d'Amiens, mort dans cette ville trois jours avant, fut enterré en grande pompe ce jour là dans le nouveau cimetière.

A cinq heures de l'après-midi, le convoi sortit de l'évêché par la rue des Soufflets, et après avoir parcouru la rue basse Notre-Dame, celle des Orfèvres, le Marché-aux-Herbes, la rue St.-Martin et la rue Henri IV, il entra dans la cathédrale. L'affluence était telle partout qu'à peine pouvait-il percer la foule.

Un piquet de gendarmerie à cheval ouvrait la marche, que fermait la compagnie départementale; la garde nationale occupait la droite et le cinquième régiment de la garde royale la gauche du cortège; tous portaient leurs armes renversées. Les tambours, couverts d'étamines noires, faisaient entendre le bruit sourd d'usage dans les cérémonies funèbres, auquel se mêlait le son aigu des fifres, et des airs analogues à cette cérémonie se succédaient par intervalles, exécutés par la musique de la garde royale.

Le cortège était composé des vieillards de l'hôpital-général, portant des flambeaux, des séminaristes, du clergé des différentes paroisses et du chapitre. Sur le cercueil, qui était fermé parce que Mgr. de Mandolx avait par un article exprès de son testament exprimé le désir de n'être point exposé, selon l'usage, à visage découvert, sur le cercueil, disons-nous, on avait placé les marques distinctives de l'autorité épiscopale.

Mgr. de Broglie, Évêque de Gand, qui était alors retiré à Amiens, voulut remplir lui-même, dans cette triste cérémonie, les fonctions du ministère sacré ; il était accompagné de MM. les vicaires capitulaires.

La cour royale, les tribunaux civils et de commerce, M. le Préfet accompagné des conseillers de préfecture, M. le Maire d'Amiens à la tête de son conseil municipal, M. le prince de Solre, maréchal-de-camp, commandant le département, les particuliers les plus distingués de la ville et un grand nombre d'officiers de la garde nationale et de la garnison suivaient le convoi.

Après les prières d'usage, le cortège se remit en marche pour se rendre au nouveau cimetière de la Madeleine. L'inhumation eut lieu dans la chapelle qui y est érigée. Le corps de l'Evêque était porté par quatre séminaristes, et quatre chanoines tenaient les coins du drap mortuaire.

Une semblable cérémonie était inusitée et par conséquent inconnue jusqu'alors dans cette ville. On ne retrouve nulle part dans son histoire effectivement qu'un prélat ait jamais été inhumé dans le cimetière commun. La mission que nous nous sommes imposée n'est pas de rechercher les causes de certains évènements, aussi nous bornons-nous à faire connaître ce qui se rattache au but que nous nous sommes proposé, à savoir une cérémonie sans exemple dans aucun cimetière du royaume, et qui inaugura en quelque sorte celui dont nous crayonnons l'esquisse.

On grava sur la pierre tumulaire de ce prélat, placée dans la chapelle, l'épitaphe suivante :

« Hic jacet
Pastor inter oves
Pavit eas in innocentia cordis sui (*P. sal.*)
JOANN.-FRANCISC. DE DEMANDOLX.
Patric. massiliens
Ruppellens Eccles. anno. MDCCCIII
Ambianens ann. MDCCCIV.
Episcopus.
Obiit 14 mens August. ann. 1817.
Ætat 73
Requiescat in pace. »

TRADUCTION :

« Ici repose
Le pasteur au milieu de ses brebis,
Qu'il a nourries dans l'innocence de son cœur, (*P. sal.*)
JEAN-FRANÇOIS DE DEMANDOLX,
Né à Marseille,
Évêque de la Rochelle en 1803
Nommé à l'évêché d'Amiens en 1804.
Il mourut le 14 du mois d'août 1817,
Agé de 73 ans.
Qu'il repose en paix ! »

Il est probable que le cœur de Mgr. de Mandolx avait été extrait et embaumé lors de son décès, car on remarque dans la chapelle des fonds baptismaux de la cathédrale une pierre tumulaire, en marbre noir, surmontée d'une urne cinéraire, avec cette épitaphe :

Hic depositum
Cor
JOAN.-FRANCISCI DE DEMANDOLX
Patric. massiliens.
Ruppellens Ecclesiæ an. M DCCC III
Ambianens ann. M DCCC IV
Episcopi
Obiit
Ann : Rep : sal : M. D CCC XVII. XVI. Kal sept.
Ætat L XXIII. Mens X.
In Deo speravit cor meum (*P. sal.*)
Dominicus DE DEMANDOLX pater major
Carol : And : Julius DE GASSAN sororis pronepos
Cum lacrymis
p. p.

TRADUCTION :

Ici est déposé
Le cœur
De Jean-François de Demandolx,
Noble de Marseille
Évêque de la Rochelle, l'an m. d. ccc iii
D'Amiens, en l'an m. d ccc iv.
Il mourut
L'an de grâce m. d ccc xvii. xvi calend de sept.
Agé de l. xxiii ans et x mois.
Mon cœur a espéré en Dieu ! (*P. sal.*)
Dominicus de Demandolx, son frère aîné,
Charles-André-Jules de Gassand, petit-fils de sa sœur,
Le pleurent !

Nous sommes arrivé à l'époque où, sauf les exceptions dont nous avons parlé précédemment, le cimetière est devenu celui de la ville et des faubourgs.

Le dimanche 7 mai 1820, à quatre heures après-midi, Mgr. de Bombelles, Évêque d'Amiens, accompagné du clergé de la paroisse de St.-Germain, se rendit processionnellement au cimetière de la Madeleine pour procéder à la bénédiction de sa chapelle, nouvellement décorée.

Il fut encore décidé qu'un ecclésiastique y serait attaché. Ce fut l'abbé Ferret, curé à Montiers, qui, le premier, exerça le ministère sacré dans cette chapelle.

Nous allons passer en revue rapidement les divers règlements et délibérations qui ont définitivement régi ce cimetière.

L'administration comprit que la condition fondamentale d'un cimetière général, de laquelle résulte son entretien à meilleur compte et un embellissement toujours croissant, repose dans les concessions de terrain à longues années et perpétuelles, pour servir de sépultures particulières aux familles qui peuvent en faire la dépense.

Aussi le 1er juin 1821, M. le Maire déposa sur le bureau du conseil municipal un projet de règlement pour les concessions dont s'agit. Ce projet fut renvoyé à un membre que l'on chargea d'en faire le rapport.

Le 1er décembre de la même année, la lecture en est faite, des modifications discutées et introduites, mais le renvoi en est ordonné pour remettre le projet au net et en faire une nouvelle lecture à une prochaine séance.

Le 8 mars 1822, le projet fut repris et adopté. Dès ce moment, le dégoût inhérent à la population d'adopter ce cimetière cessa peu à peu. Quelques monuments s'élevèrent, les plantations grandirent et ornèrent de leurs religieux ombrages ce champ qui, jusques là, avait paru si aride, qu'on eût pu le croire atteint de ces épidémies dont étaient frappés ceux qui jadis l'habitaient.

Le 15 mai 1827, le conseil municipal adopta la délibération suivante, que nous croyons devoir reproduire pour faire connaître les conditions imposées aux cessionnaires de terrains destinés à des sépultures particulières.

RÈGLEMENT
Pour les Sépultures au Cimetière de la Madeleine.

CHAPITRE PREMIER.
Du Cimetière commun.

ARTICLE PREMIER.

Les plaines formées dans l'enclos de la Madeleine par les divisions et les chemins actuellement établis, ou qui le seront par suite de l'agrandissement projeté, seront à l'usage de cimetière commun pour toute la ville et pour les sections de la banlieue qui n'ont pas de cimetière particulier, sauf les exceptions portées au 16.e article.

ART. 2.

Cette partie sera employée aux inhumations, de manière à ce que le même terrain ne soit jamais remis en service qu'après la révolution de vingt années.

ART. 3.

Chaque sépulture occupera un mètre six décimètres de

largeur, sur deux mètres de longueur, et la fosse sera ouverte à deux mètres de profondeur, et recomblée de la manière prescrite par les articles 4 et 5 du décret du 23 prairial an 12.

ART. 4.

Il pourra être placé dans le cimetière commun des signes indicatifs des sépultures, conformément à l'article 12 dudit décret.

ART. 5.

Ces signes indicatifs devront disparaître, lorsque le terrain sera remis en service. Il seront enlevés au fur et à mesure du besoin, et déposés provisoirement dans un lieu couvert et fermé dans l'enceinte du cimetière; ils y resteront pendant trois ans à la disposition des chefs de famille, et ne deviendront propriété communale qu'à défaut de réclamations dans ce délai.

CHAPITRE DEUXIÈME.

Des Concessions à perpétuité pour sépultures, soit individuelles, soit de famille.

ART. 6.

Une bordure intérieure, de la largeur de cinq mètres dans toute l'étendue des murs d'enceinte faisant face au levant, au midi et au couchant, pourra être concédée à raison de 30 francs le mètre carré pour sépulture à perpétuité.

Les bordures des allées et chemins, autres que la grande allée droite au midi, donnant parallèlement sur la route, seront aussi concédées au même titre.

ART. 7.

Ces sépultures à perpétuité seront personnelles au défunt ou pour sa famille : aucune fosse ne pourra, dans aucun cas, être ouverte et remise en service avant vingt années.

ART. 8.

Les concessions à perpétuité donneront le droit de fonder et d'entretenir toute espèce de monuments funèbres, tant au-dessus qu'au-dessous du sol concédé.

ART. 9.

Ces concessions ne seront faites qu'à la charge de donations ou fondations au profit des pauvres ou de l'un des hospices de cette ville. Elles ne pourront être inférieures au tiers du prix à verser dans la caisse communale.

CHAPITRE TROISIÈME.

Dispositions d'ordre et d'exécution.

ART. 10.

Les demandes de concessions de terrain pour sépultures particulières seront adressées par écrit à M. le Maire; elles indiqueront exactement l'objet de la demande, la situation et la contenance du terrain demandé; elles seront, en outre, conformément à l'article 11 du décret sur les sépultures, et à l'article 9 ci-dessus, accompagnées de l'offre de fondations ou donations au profit des pauvres ou de l'un des hospices d'Amiens: celles en faveur des églises ou fabriques ne pourront en tenir lieu.

ART. 11.

Dans la vue d'exciter et d'entretenir parmi les artistes une salutaire émulation, la concurrence pour la composition et l'érection des monuments funéraires restera libre, et il ne sera accordé par l'administration aucune commmission exclusive pour ces ouvrages de l'art.

ART. 12.

Néanmoins pour maintenir le respect dû à la religion;

aux mœurs et au bon goût, les plans modèles et inscriptions seront adressés au Maire; ils ne pourront être exécutés qu'avec son approbation accordée sur l'avis de l'architecte de la ville.

ART. 13.

L'architecte devra d'ailleurs surveiller les travaux, et il pourra même les suspendre s'il juge qu'ils puissent nuire à la solidité ou à la sureté des murs de clôture, sauf à en référer de suite à M. le Maire.

ART. 14.

Les concessionnaires seront tenus d'employer les fossoyeurs attachés au cimetière, et de se conformer, pour le placement, l'ouverture et le comblement des fosses, aux dispositions du réglement. Ils pourront néanmoins, pour l'établissement des caveaux ou souterrains, employer des ouvriers de leur choix.

ART. 15.

Dans tous les cas, il ne sera déposé aucuns matériaux ni décombres sur les tombes voisines, et il n'en sera laissé aucun dans le cimetière après l'achèvement des travaux.

ART. 16.

Les concessions faites provisoirement par M. le Maire jusqu'à la mise à exécution du réglement, même dans les champs communs, seront confirmées aux charges et conditions ci-dessus, s'il est reconnu qu'elles n'ont eu d'ailleurs dans l'exécution, rien de contraire au réglement.

ART. 17.

Les autorisations provisoirement accordées par M. le Maire pour plantations de croix ou placement de pierres tumulaires dans quelque partie du cimetière que ce soit, sont également confirmées.

Ces signes indicatifs ne pourront toutefois être entretenus ni renouvelés; mais les parents ou amis pourront, dans le cours des vingt années, à compter de l'inhumation, faire convertir ces concessions provisoires en concessions à perpétuité, aux conditions ci-dessus fixées, et il leur sera fait déduction alors de la somme qu'ils auraient précédemment payée.

ART. 18.

Un exemplaire du réglement imprimé en placard, sera placé à demeure, dans un cadre et sous verre, dans l'endroit le plus apparent de la chapelle du cimetière, à la porte du concierge et dans le bureau des actes civils.

ART. 19.

Le présent réglement sera soumis à l'approbation du gouvernement.

Pour expédition conforme,

Le Maire de la ville d'Amiens, officier de l'ordre royal de la légion d'honneur,

DAVELUY-BELLENCOURT.

Ce réglement a été approuvé par ordonnance royale du 21 septembre 1827.

LE MAIRE DE LA VILLE D'AMIENS, OFFICIER DE L'ORDRE ROYAL DE LA LÉGION D'HONNEUR,

Vu le réglement qui précède,

ARRÊTE CE QUI SUIT :

ARTICLE PREMIER.

Il sera fait les dispositions convenables pour rendre définitives les concessions provisoires de terrain qui ont été faites pour sépultures particulières dans le cimetière de la Madeleine, et pour opérer le recouvrement des sommes qui sont dûes à ce sujet à la ville d'Amiens.

ART. 2.

Les concessionnaires actuels seront invités, chacun par un avis particulier, à se présenter au secrétariat de la mairie, pour qu'on puisse rédiger les actes qui les mettront en possession définitive des terrains destinés à la sépulture de leurs familles.

ART. 3.

Les familles qui ont obtenu des concessions à perpétuité, et dont les sépultures ne sont indiquées par aucun signe ou monument, sont également invitées à se rendre au secrétariat de la mairie, pour qu'il soit pris des mesures à l'effet de désigner l'étendue du terrain concédé ; elles en seront mises en possession en se conformant aux conditions prescrites par le réglement. Dans le cas contraire, la ville en disposera en observant les lois et réglements sur les inhumations.

ART. 4.

Le présent sera imprimé, publié et affiché dans toute l'étendue de la ville et de la banlieue.

Fait à la mairie d'Amiens, ce 4 janvier 1828.

DAVELUY-BELLENCOURT.

Au mois de janvier 1845, l'administration municipale ayant acquis la connaissance que plusieurs abus de nature à compromettre gravement la salubrité publique et les intérêts de la commune avaient été commis par les agens de ce cimetière, crut devoir les remplacer, et, par un arrêté de police, renfermant d'excellentes prescriptions, tracer à chacun ses devoirs. On reconnaitra au moyen de ce document que nous repreduisons toute la sollicitude de l'administration pour la conservation de ce magnifique établissemeut et pour l'excellence de la surveillance qui y est établie.

POLICE
du Cimetière général de la Madeleine.

Le Maire de la ville d'Amiens,

Vu les lois des 16-24 août 1790, titre XI, art. 3 ; — 19-22 juillet 1791, titre I, art. 46 ;

Le décret du 23 prairial an XII. et notamment les articles 16 et 17 ;

L'article 6, titre III, de l'ordonnance royale du 6 décembre 1843 ;

La décision de M. le ministre des finances, en date du 18 décembre 1843 ;

Le réglement, concernant le cimetière de la Madeleine, approuvé par ordonnance royale du 21 septembre 1827 ;

Les art. 257, 360 et 471, n.° 15, du code pénal ;

Et enfin les art. 10 et 11 de la loi du 18 juillet 1837 ;

Voulant empêcher qu'il ne soit porté atteinte au respect dû à la cendre des morts, et qu'on ne commette aucune dégradation dans le cimetière de la Madeleine ;

Arrête ce qui suit :

ARTICLE PREMIER.

Le cimetière général de la Madeleine est placé sous la surveillance immédiate d'un concierge, garde assermenté et apte à constater, par procès-verbaux, les infractions aux dispositions suivantes.

ART. 2.

Les personnes qui visitent le cimetière doivent s'y comporter avec la décence et le respect que commande ce champ de repos et de deuil.

Celles qui s'y rendront coupables d'une action inconvenante, en seront expulsées.

ART. 3.

Il est expressément défendu, sous les peines portées par la loi,

1.º De pénétrer dans le cimetière autrement que par l'entrée principale, et d'en franchir les murs, haies et grilles de clôture;

2.º D'escalader les grilles, treillages ou autres entourages des sépultures;

3.º De monter sur les tombeaux, de fouler les terrains servant aux inhumations;

4.º De traverser les massifs des plantations, de quitter les chemins et d'entrer dans les pelouses, sans aucun motif de nécessité ;

5.º De monter sur les arbres, de couper ou arracher les fleurs, arbustes et autres objets placés sur les tombes;

6.º De rien écrire sur les monuments, pierres tumulaires et autres signes funéraires;

7.º De déposer des ordures dans quelque partie que ce soit du cimetière ;

8.º Enfin de causer un dommage quelconque soit aux sépultures, soit aux plantations et propriétés communales.

ART. 4.

L'entrée du cimetière sera refusée aux gens ivres, aux mendiants, aux marchands ambulants, aux enfants non accompagnés.

ART. 5.

Toute personne entrant dans le cimetière, munie de paniers, cabas, paquets, etc., ne pourra se soustraire à la visite de ces objets de la part du concierge.

ART. 6.

Aucune voiture ne pourra pénétrer dans le cimetière sous quelque prétexte que ce soit, il est aussi interdit d'y introduire des chevaux et ânes ; il en sera de même des chiens, à moins qu'ils ne soient tenus en laisse.

ART. 7.

Les concessionnaires de terrains devront, autant que possible, y faire placer soit un monument, soit tout autre signe funéraire.

Dans tous les cas, les terrains concédés devront être clos immédiatement par les soins des familles.

ART. 8.

Dans les terrains non concédés, il pourra être placé sur chaque fosse une pierre sépulcrale ou un autre signe indicatif de sépulture.

Les signes indicatifs devront disparaître, lorsque le terrain sera remis en service : ils seront enlevés au fur et à mesure des besoins, et déposés provisoirement dans un lieu fermé ;

ils y resteront, pendant un an et un jour, à la disposition des chefs de famille, et ne deviendront propriété communale qu'à défaut de réclamations dans ce délai.

ART. 9.

Les familles ont la faculté de choisir les entrepreneurs qu'elles préfèrent employer pour la construction des monuments qui s'exécutent à leurs frais, néanmoins ces constructions et tous les travaux en terrassements seront exécutés sous la surveillance de l'architecte de la ville, tant dans l'intérêt de la sûreté publique que dans celui de la conservation des monuments voisins.

ART. 10.

Pour préserver les convenances publiques de toute atteinte, aucune inscription ou épitaphe ne pourra être mise ou gravée sur un monument qu'autant qu'elle aura été approuvée par la mairie.

ART. 11.

Le transport des matériaux, des pierres tumulaires et des croix ne pourra être fait qu'à bras et en civière, l'entrée des voitures étant interdite. On ne conduira, d'ailleurs, dans le cimetière que des objets confectionnés et prêts à être posés. Cette mesure a pour but le bon ordre et la propreté de l'établissement.

Dans aucun cas, il ne sera déposé ni matériaux ni décombres sur les tombes voisines.

ART. 12.

Aussitôt après l'achèvement d'un monument, le placement d'une pierre sépulcrale ou d'une croix, l'entrepreneur sera tenu de faire enlever et conduire aux décharges publiques les gravois et les débris provenant des travaux. Il sera tenu également de faire nettoyer avec soin les abords desdits monuments, pierres sépulcrales ou croix, et de ragréer ou d'ensemencer les portions de gazons qui auraient été endommagées. Dans le cas où il ne satisferait pas à ces obligations, qui sont de rigueur, il sera, à la diligence du concierge et sous sa responsabilité, provoqué contre cet entrepreneur telle mesure qu'il appartiendra.

ART. 13.

Les fosses seront creusées à 1 *mètre* 50 *centimètres* de profondeur pour les enfants au-dessous de 12 ans, et à 2 *mètres* pour les adultes. En cas d'inexécution de cette mesure qui intéresse, au plus haut point, la salubrité publique, le fossoyeur sera remplacé.

ART. 14.

Il est formellement interdit de creuser des fosses dans une plaine autre que celle qui est, par sa position, momentanément affectée aux inhumations générales; il n'est fait exception que pour les terrains acquis par les familles.

En conséquence, les fosses seront creusées les unes auprès des autres, sans lacunes, de manière à ce qu'aucune place ne soit réservée.

ART. 15.

Lorsque, par suite des fouilles, des ossements seront mis à découvert, le fossoyeur devra les recueillir avec soin et les déposer au fond des fosses.

ART. 16.

Il est expressément défendu aux agents du cimetière et aux personnes attachées au service des inhumations, de demander aucune gratification aux familles, en raison d'un travail qui tient aux devoirs de leurs places, que l'inhumation ait lieu dans un terrain concédé, ou dans le terrain des-

tiné aux sépultures publiques; ceux qui feraient quelques demandes de cette nature, seraient remplacés.

ART. 17.

Le cimetière sera ouvert, chaque matin, au lever du soleil, et fermé à la chûte du jour. Le son d'une cloche annoncera, un quart d'heure à l'avance, le moment de la fermeture.

ART. 18.

Les contraventions au présent arrêté seront constatées par des procès-verbaux, et les contrevenants seront poursuivis devant les tribunaux compétents.

Les pères, mères, tuteurs, maîtres et instituteurs, encourront, à l'égard de leurs enfants, pupilles, ouvriers et élèves, la responsabilité prévue en l'art. 1384 du code civil.

ART. 19.

Les commissaires de police, notamment celui du 1.er arrondissement, et l'architecte de la ville, sont chargés d'assurer l'exécution des dispositions qui précèdent et de rendre compte à la mairie des infractions qu'ils auront remarquées, pour qu'il y soit donné telle suite qu'il appartiendra.

Fait à Amiens, le 30 janvier 1845.

Fréd.ic Duroyer.

Nous allons, autant que possible, guider nos lecteurs à travers ce champ d'un éternel et religieux silence, afin de leur faire connaître, en évoquant les souvenirs du passé, et les hommes dont la vie a offert quelques pages dignes de fixer l'attention des vivants, à quelque titre que ce soit, et les monuments remarquables qu'on y rencontre en assez grand nombre.

Nous commençons par la plaine F, à gauche de la deuxième allée à droite, et nous allons en faire le tour en suivant par la gauche.

<small>Bruno-Vasseur.</small> Voici la sépulture de *Bruno-Vasseur* dont nous avons parlé; à côté est celle de sa femme dont le monument n'offre rien de remarquable. Une simple pierre horisontale, en tête de laquelle est un ange en marbre blanc, semblable à celui placé sur la tombe de son mari, recouvre sa dépouille mortelle. Elle mourut en décembre 1824.

<small>Sépulture Terral.</small> Homme, qui que tu sois, ne passe pas devant ce monument sans te découvrir, puises-y un exemple que trop souvent on oublie ailleurs: celui d'un incessant dévouement à la cause de l'humanité. Ceci est le monument de M. Terral, *médecin des pauvres*.

Cette simple qualification n'en dit-elle pas plus que toutes les prétentieuses et emphatiques notices nécrologiques. En essayant de lui payer notre tribut, nous n'avons pas la prétention d'ajouter à son mérite, il se recommande assez de lui-même :

> Terral a consacré sa vie et sa science
> A prodiguer des soins à la triste indigence.
> Noble abnégation, sublime dévouement,
> Toujours il secourut le malheur du moment.

Repoussant la fierté que l'orgueilleux affiche
Pour quiconque eut le tort de ne pas naître riche,
Il était toujours fier d'une bonne action,
Tous avaient droit égal à sa protection :
Terral, repose en paix, tu remplis bien ta vie,
Plus d'un puissant du jour en secret te l'envie !

Le monument de M. Terral est de la plus grande simplicité, mais sévère. Il est formé d'une pierre horisontale supportée par un stylobate. Au chevet s'élève un cippe à chapiteau orné d'oreillons, supporté par un double socle, et surmonté d'une croix. Il est le dixième après celui de M. Bruno-Vasseur.

Indépendamment de sa qualité de médecin des pauvres, M. Terral était membre du conseil de salubrité de la ville d'Amiens et membre et secrétaire de la société médicale formant le comité central de vaccine du département de la Somme. Il est mort le 3 novembre 1833, âgé de 59 ans.

Nous devons un souvenir à la mémoire de celui que recouvre cette simple pierre horisontale qui fait face au chemin n° 4, et sur laquelle on lit une épitaphe que nous avons voulu faire revivre, puisque le temps ne la respecte pas plus que sa famille qui la laisse s'effacer, car elle apprend à tous la triste cause de la mort prématurée de cet à jamais regrettable citoyen.

Nous voulons parler de *François-Zacharie Machet*, qui mourut à l'âge de 49 ans, victime de son courage et de son dévouement à l'incendie qui éclata le 9 décembre 1817, vers les 9 heures du soir, dans la manufacture établie au ci-devant couvent de Sainte-Marie, rue royale. Machet, étant occupé à ajuster les tuyaux d'une pompe, tomba à la renverse et se fendit la tête. Il mourut sur le champ. Cet homme était toujours l'un des premiers sur le théâtre des incendies.

Son épitaphe est ainsi conçue :

» François-Zacharie MACHET, âgé de 49 ans, cafetier. Il faisait partie des sapeurs-pompiers volontaires de la ville d'Amiens, lequel fût victime de son zèle en portant des secours à l'incendie qui eût lieu le 9 décembre 1817. Il est très-sincèrement regretté de sa famille, de ses chefs, et de ses camarades. »

Sépulture de la Famille BRULÉ.

On se prend à verser des larmes en lisant les vers que fit graver M. Brulé sur le tombeau de sa famille, enclavé entre d'autres monuments et le chemin n° 4. Cette sépulture est entourée d'une haie et de barres en fer que supportent quatre bornes en pierre.

Hélas! lui-même ne devait pas tarder d'aller rejoindre ceux qui lui étaient si chers, et personne n'y a ajouté son nom ni un regret à sa mémoire! Nous nous bornons à citer les vers qu'il fit graver sur un cippe en pierre, lesquels donneront une idée exacte des qualités intimes de cet époux et père :

« Sur sa tombe, tous trois, prions, mes chers enfants,
Naguère, leur disais-je, elle est là votre mère!
Bientôt mon fils mourut, je cachais mes tourments
A ma bonne Henriette: elle aimait tant son père!
Aujourd'hui, je viens seul prier sur trois tombeaux :
Il n'en faut qu'un de plus pour terminer mes maux!

M. Brulé, ancien greffier de justice de paix, est mort en 1845; depuis plus d'un an, il repose sous cette pierre : aucun des promeneurs ne le saurait peut-être sans moi.

Nous rencontrons sur notre passage la tombe de la famille *Barbier-Lequien*. C'est une pyramide hexagone, en marbre de Boulogne, surmontée d'une croix en beau marbre blanc d'Italie ; ce monument est dans le goût égyptien, il est couronné d'un chapiteau autour duquel sont sculptées des palmettes. C'est un des beaux monuments qui ornent ce cimetière. Il a été exécuté, à Boulogne, par M. Gaudy, Théodore, sur le plan de M. Herbault, architecte à Amiens, et il a été mis en place par M. Salé. *(Monument de M. BARBIER-LEQUIEN.)*

Nous touchons aux sépultures des familles *Vulfran Mollet*, et *Mollet-Warmé*, qui sont réunies l'une à l'autre comme un témoignage éternel et solennel de *(Sépultures des Familles Vulfr. MOLLET et MOLLET-WARMÉ.)*

leur commune affection et de leur estime réciproque. Deux petites pyramides en marbre blanc recouvrent les cercueils de deux enfants jumeaux qu'a perdus M. Paul Mollet. D'autres monuments sont érigés avec beaucoup de goût.

<small>Guilbert, Dominique.</small>
Nous redescendons sur la gauche, et nous portons militairement la main à notre chapeau en passant devant la bien modeste croix en fer, ornée d'une plaque en cuivre, sur laquelle on lit le nom de *Guilbert Dominique*, ancien artilleur, chevalier de la Légion-d'Honneur, et l'un de ces braves qui, après avoir accompagné Napoléon sur tous les champs de victoire, le suivirent dans son exil de l'île d'Elbe. Il était tambour-major de la garde nationale d'Amiens. Cet homme était justement estimé de ses concitoyens, et sa mort, qui eut lieu le 17 juin 1845, fût accueillie avec un sentiment général de tristesse. Une barrière en bois, peinte en noir, entoure sa dernière demeure.

<small>Sépulture de la Famille Placet.</small>
Nous ne pouvons refuser un témoignage de regret en passant devant la sépulture de la famille *Placet*. M. Placet père, dans l'espace de trois mois, vit ses trois fils enlevés par le croup, qui sévissait alors sur les enfants de tous âges. En janvier 1844, mourut le plus jeune, en février le second, et en mars l'aîné, âgés de onze mois, trois ans et 15 ans. On ne peut être frappé plus cruellement dans ses affections de père !

Un modeste monument en pierre, à la suite de la sépulture Placet, nous rappelle le souvenir de M. *Lefort*, ancien médecin du Roi, chevalier de la Légion-d'Honneur, décédé le 12 janvier 1843, à l'âge de 76 ans.

Tombe de M. LEFORT.

M. Lefort, ancien premier médecin de la marine, était aussi distingué par ses vastes connaissances et son dévouement, que par son courage et son patriotisme. C'est à l'autorité de son nom et à ses soins persévérants que plus d'un millier de jeunes soldats français, prisonniers en Angleterre, dûrent d'échapper à la corruption qui menaçait leurs mœurs, et de recevoir, dans une école, qu'il fonda à ses frais, l'enseignement le plus utile dans la grammaire, la géométrie, les mathématiques et le dessin.

En traversant la Manche sur un cartel d'échange, M. Lefort passa au milieu d'une flotte anglaise qui faisait voile vers les côtes de la Bretagne. A son arrivée à Morlaix, il apprit qu'une expédition française allait partir, et que, d'après la destination qu'elle avait reçue, elle tomberait inévitablement au milieu de la flotte anglaise qui lui était très-supérieure en force. M. Lefort part à franc-étrier, et l'amiral, informé par lui du danger auquel notre flotille est exposée, envoie un courrier en poste à Paris; l'ordre du départ est révoqué, et nos vaisseaux échappent à une perte à peu près certaine.

M. Lefort est auteur de plusieurs ouvrages d'un mérite supérieur. L'un d'eux, traitant des maladies contagieuses, fût couronné par l'académie de médecine de Paris.

<small>Famille GRANDPRÉ-BERTIN.</small>

La sépulture de la famille *Grandpré-Bertin*, anciens fondeurs de cette ville, nous offre un fort beau sarcophage en marbre blanc d'Italie, supporté par un socle en pierre; la base du sarcophage est en marbre noir, et il est recouvert par une corniche à oreillons unis, dans le goût égyptien. Ce monument a été exécuté à Paris, et posé par M. Deventer, marbrier à Amiens.

<small>Sépulture LEFEBVRE-HENNEBERT.</small>

Si nous nous arrêtons à la famille *Lefebvre-Hennebert*, certes ce n'est pas pour admirer la poésie dont sont couvertes toutes les faces du socle qui sert de support au monument de Mme Lefebvre. Nous sommes les premiers à rendre hommage aux qualités du cœur que possédait cette dame, mais pourquoi la famille n'a-t-elle pas exprimé ses sentiments en prose, c'eût été, selon nous, faire preuve de meilleur goût.

Nous citons les vers gravés sur la face principale :

« O épouse et mère chérie,
Qui dors en paix ici,
Toi qui, par ton affection et ton amour,
Voulais embellir le bonheur de nos jours,

Faut-il! que la mort de sa faux cruelle
Vienne moissonner le fruit de ton zéle,
Et rompre le doux nœud
qui nous unissait tous deux! »

Ce sont là, nous le pensons, des vers d'écrivain public, de faiseurs d'épitaphes. Pour Dieu, qu'on laisse ces industriels le plus possible en repos, par respect pour le bon goût. A part ce ridicule, le monument est d'un style assez remarquable.

Dans ce caveau, sur lequel s'élève une colonne en marbre noir, surmontée d'un chapiteau en marbre blanc couronné d'étoiles dorées, et au-dessus duquel est placée une urne cinéraire également en marbre, le tout supporté par un socle en grès, repose le père bienveillant de la classe ouvrière. Adressez-vous n'importe à quel ouvrier, et demandez-lui ce qu'était *M. Jean-Louis Lemort*, maître teinturier, il vous répondra : « *Ce fût l'ami et l'appui du pauvre, nul de nous ne fit jamais en vain appel à son humanité ; ses ouvriers étaient ses enfants.* » Il mourut subitement à l'âge de 68 ans, le 24 février 1846, alors qu'il lui restait encore beaucoup de bien à faire.

<small>Sépulture de la Famille LEMORT.</small>

Une jeune femme de 19 ans, Mme *Lemort Amédée*, née *Julie-Amélie Maillard*, qui goûtait à peine les douceurs de l'hyménée et de la maternité, repose aussi dans ce caveau. Un avenir bien heureux lui était assuré pourtant : fortune, amour de son époux, estime de tous lui étaient acquis, et la mort a détruit d'un seul coup tant de félicités !

Le caveau est à tiroirs, disposé de manière à y recevoir tous les membres de la famille. Il a été construit par M. Polard-Vast.

Sépulture de la Famille Letêtu.

M. Charles-Pierre-François Letêtu, docteur en médecine, décédé le 23 août 1840, âgé de 49 ans, est inhumé à la suite de la sépulture précédente ; il possédait des talents d'un ordre élevé, et la science a fait en lui une grande perte. Il avait épousé M.lle Barbier, dont le père s'est fait une réputation méritée et durable dans la carrière médicale.

Nous terminons ici la revue de la plaine F. On ne peut se dissimuler que cette partie du cimetière ne soit la plus agréable à l'œil. Des plantations en forme de bocages et un magnifique rideau de sycomores et de Thuyas flanquent le côté gauche ; de gigantesques peupliers, platanes et frênes, promènent leur mélancolique ombrage sur toutes ces tombes, à l'entour desquelles se renouvelle sans cesse une pelouse verte, qui invite l'homme à s'arrêter long-temps en ce lieu pour y rêver sur la fragilité humaine. L'homme élève des tombeaux presque aussi durable que le temps, et lui, passe sur la terre comme les feuilles des arbres, qui jonchent cette plaine !

Quand l'homme agenouillé, priant sur une tombe,
Interroge en ces lieux un souvenir lointain,
Le murmure du vent et la feuille qui tombe
Lui rappellent, hélas! notre commun destin.
Feuille fragile aussi de l'arbre de la vie,
Soit qu'un vent furieux agite ses rameaux,
Soit que d'un froid hiver la saison soit suivie,
L'homme tombe un à un pour peupler les tombeaux,
Comme la feuille meurt pour pourrir sur la terre,
Et tous deux, attester leur passage éphémère!

En quittant ce lieu, nous nous engageons dans l'allée par laquelle nous sommes entré, et qui est désignée au plan par le n.º 1. Nous suivrons à droite, contournerons le carré A par l'allée n.º 2, et redescendrons jusqu'à notre point de départ en suivant le côté opposé des mêmes allées, ce qui nous permettra de visiter les carrés B, C et D.

La colonne en bois qui se présente d'abord, et qui désigne la sépulture des époux *Dufour*, nous servira de point de départ.

Sépulture de la Famille Caille *et de* M.lle Dénizart.

La cinquième après la précédente, est celle de la famille *Caille*, dont presque tous les membres ont été et sont encore négociants dans cette ville. Cette sépulture est environnée d'une haie de houx et fermée par une simple porte en bois peint en noir. Deux simples pierres indiquent les noms et qualités des personnes inhumées dans ce lieu. Sur une troisième, à droite, nous lisons le nom de Mlle *Dénizart, Marie-Anne-Pélagie,* dame de charité de son vivant. C'est un hommage qui fait le plus grand honneur à la famille Caille que d'avoir réuni à elle cette sainte fille.

Qui ne connaît les vertus de Mlle Dénizart, qui passa les plus beaux jours de sa vie à soulager, éclairer et ramener au bien les prisonniers dont elle fût la mère, et dont la tendre sollicitude allégea bien des peines que la charité seule peut rendre moins amère ?

C'est le 20 octobre 1841 qu'elle mourut à l'âge de 73 ans; sur sa tombe sont gravés ces quatre vers qui résument toute sa vie :

> « Ci gît l'espoir et le soutien
> Du prisonnier que l'on oublie :
> Après avoir été sa vie,
> Elle en est l'ange gardien! »

La pratique de semblables vertus, sous le voile desquelles n'apparut jamais le plus léger orgueil, n'est pas tellement commune de nos jours, qu'on ne doive citer bien haut ceux qui y consacrent leur vie. Mlle Dénizart fût la providence des malheureux qui expient leurs fautes dans les prisons, comme de ceux qui y attendent le jugement des hommes : aux uns, elle savait inspirer de la résignation, aux autres, elle communiquait l'espérance, qui est la vie des prévenus (*).

> Sous la voûte où mûrit le crime,
> Où glapit l'argot effronté,
> Où la vertu trouve un abîme,
> Tu sus, ô Dénizart, avec simplicité,
> Semer quelques paroles saintes,
> Offrir des consolations,
> Du vice effacer les empreintes,
> En éteignant les passions.

La cinquième à la suite, sur l'emplacement de laquelle n'est encore érigé aucun monument, mais qu'environne une grille en fer, contient la dépouille mortelle d'un noble débris de cette armée qui fit notre gloire et notre orgueil, et rend la puissance et la grandeur de la France impérissables : *Tombe de M. Leclercq.*

M. *Jean-Baptiste-Guillain-Pierre Leclercq*, capitaine en retraite, décédé le 8 février 1846, âgé de 69 ans, repose dans ce lieu.

Ses états de service sont trop honorables pour que nous ne les rappelions pas ici.

Enrôlé volontaire au 8.ᵉ bataillon de la Somme le 1.ᵉʳ mai 1793, il arriva, de grade en grade, à celui de capitaine, qui lui fut conféré le 8 février 1813, au

---

(*) Au moment où nous écrivons ces lignes, nous apprenons qu'on va construire un caveau pour y déposer les cercueils, placés originairement dans des fosses ordinaires.

12.ᵉ régiment d'infanterie légère. Sous les plus célèbres généraux de la république et de l'empire, il fit les campagnes de Vendée, du Rhin, de Hollande, d'Italie, des côtes de l'Océan, de Prusse, de Pologne, d'Espagne et de France, où il assista au blocus d'Auxonne et aux principaux combats de cette campagne désastreuse.

Ses actions d'éclat sont nombreuses et de la nature de celles qui remplacent la pompe des discours apologétiques. Il fut blessé à deux affaires différentes : le 12 octobre 1793, un coup de feu l'atteignit à l'avant-bras droit dans une rencontre qui eut lieu à Chollet, entre les troupes de la République et les Vendéens ; le 17 avril 1807, au siège de Dentzich, il fut atteint, dans la tranchée, d'un coup de pierre à l'angle supérieur du pariétal droit de la tête.

En récompense de sa belle conduite, il fut nommé chevalier de la Légion-d'Honneur, en l'an XIII.

La chute de l'Empire termina la carrière militaire de Leclercq. En 1830, il fut nommé adjudant-major de la garde nationale d'Amiens, grade qu'il conserva jusqu'en 1838, époque à laquelle ses infirmités l'obligèrent à rentrer dans la vie privée, que s'efforça de lui rendre douce sa respectable famille. Devenu sourd et aveugle, sa fille seule était parvenue à se créer, au moyen du toucher, une langue qui lui permettait de consulter et de satisfaire les moindres désirs de son père : touchant exemple de ce que peuvent inspirer l'amour et la sollicitude filiales.

Voici, près du militaire, l'un des nobles et puissants soutiens de la gloire de nos armes, le prêtre vénéré qui, dans une plus modeste sphère, rendit d'innombrables services. <small>Chapelle sépulcrale de M. Voclin.</small>

Dans le caveau placé sous cette chapelle, construite en pierres de Senlis, flanquée de deux pilastres sur la face desquels sont sculptés, de chaque côté, une palme et au-dessous un flambeau renversé, fermée par une porte en fer avec ornements en fonte, éclairée par des vitraux en verre de couleurs à l'intérieur, et qu'une croix romaine, supportée par deux consoles en pierre sculptées, surmonte, repose M. *Voclin, Jean-Baptiste*, ancien curé-doyen de St.-Jacques, décédé archidiacre et vicaire-général du diocèse d'Amiens, le 18 août 1838, à l'âge de 65 ans.

La charité de ce vertueux prêtre était inépuisable et sans limites. Sa mort fut un jour de deuil général pour la ville et notamment pour la paroisse de St.-Jacques dont il avait été curé de 1820 à 1835.

Le convoi funèbre eut lieu le 19, à quatre heures du soir ; Mg.ʳ l'évêque s'associa aux regrets de toute la ville en présidant lui-même à cette cérémonie. Les coins du poêle étaient portés par quatre chanoines, puis par quatre curés, et M. l'abbé

Devillers conduisait le deuil. Presque toute la population, la tête nue, et plusieurs, les larmes aux yeux, assistait aux obsèques de cet ecclésiastique.

M. Voclin méritait vraiment ces démonstrations extraordinaires de la douleur publique.

Le corps de M. Voclin a été embaumé par MM. Chevalier et Goze, chimites de notre ville.

Indépendamment des connaissances en liturgie sacrée que possédait M. Voclin, il en avait encore de très-étendues en littérature : il parlait et il écrivait les langues latine et grecque avec autant d'aisance que de pureté. Il fut appelé au sacerdoce dans les temps les plus orageux de la révolution. Obligé de partir comme réquisitionnaire, il émigra et se fit prêtre en pays étranger. Rentré en France, il fut successivement curé de Saleux-Salouel près d'Amiens, vicaire de St.-Jacques, ensuite curé de cette paroisse.

M. Yvert, rédacteur en chef de la *Gazette de Picardie*, a fait graver sur sa tombe le quatrain suivant :

> « Il repose en son Dieu, le prêtre regretté
> Que consuma trop tôt l'ardente charité,
> Et qui, vivant, jamais ne reposa sur terre
> Tant que sa bienfaisance y vit une misère. »

La ville, en souvenir et reconnaissance des bienfaits sans nombre de M. Voclin, a concédé à perpétuité le terrain sur lequel est élevé son monument pour l'érection duquel une souscription a été ouverte et promptement remplie. C'est M. Polard père, qui l'a construit sur le plan de M. Cheussey, architecte de la ville.

A la suite de cette chapelle, nous rencontrons deux monuments de style moderne, exécutés sur le même plan et élevés sur le terrain affecté aux sépultures des familles *Domon-Meillé* et *Dubois-Vaude*, entourée chacune d'une grille en fer. Ces monuments sont aussi simples que distingués. Les tables destinées à recevoir les inscriptions des défunts sont en beau marbre noir, placées dans des encadrements en pierres. Sur chaque pilastre est incrusté un losange de même marbre, et sur la frise on lit l'inscription de la famille à laquelle est érigé chacun de ses monuments.

<small>Familles Domon-Meillé et Dubois-Vaude.</small>

Ces deux familles, que des alliances ont étroitement liées, n'ont pas voulu que la mort les séparât.

M. Dubois père fut un des riches négociants en houblon ; ses fils lui ont succédé dans cette partie avec tout l'avantage que leur a fait une magnifique fortune et une grande expérience des affaires.

M. Dubois mourut en 1843, et fut inhumé au cimetière de Longueau d'où il a été exhumé récemment pour être réuni aux autres membres de sa famille, décédés depuis.

C'est à M. Salé qu'on doit l'exécution de ces monuments.

<small>Tombe de M. Lesens, comte de Léon, marquis de Folleville.</small> A gauche de la tombe de M. Duval, que nous retrouvons dans ce carré, est celle de M. *Robert-Armand Lesens*, comte de Léon, marquis de Folleville, ancien président à mortier de Normandie, premier président de la cour royale d'Amiens, officier de la légion d'honneur, décédé le **28 mai 1818**.

Ses obsèques eurent lieu avec la plus grande pompe. Après avoir été exposé dans une chapelle ardente, préparée dans l'un des appartements de son hôtel, il fut conduit à l'église de St.-Germain, sa paroisse, et ensuite au lieu de sa sépulture. La cour royale, les tribunaux de première instance et de commerce, le corps des avocats, tous les fonctionnaires publics, tant de l'ordre administratif que de l'ordre militaire, tous les officiers et des détachements sous les armes de la garde nationale et de la garnison composaient le cortége.

Sa tombe se compose d'une pierre sépulcrale couchée et supportée par un soubassement en briques. On y lit l'inscription suivante gravée au-dessous de ses noms, titres et qualités :

« Regretté dans toutes les classes de la société où son âme généreuse a laissé des traces de sa bienfaisance. »
« Il fut magistrat intègre, juste et profond; emportant avec lui l'estime et l'amitié de ses inférieurs et de ses égaux. »

« Il est mort en véritable chrétien. »
« Priez Dieu pour le repos de son âme. »

Nous entrons dans l'allée n.° 2, et nous y rencontrons la sépulture de la famille *Grébert* d'Amiens. Le monument se compose d'un piédestal en pierres de Senlis; la corniche, de style moderne, est surmontée d'une croix en marbre. Quatre tables de marbre noir sont inscrustées sur chaque face et portent en lettres dorées les noms et qualités des personnes qui y sont inhumées. Nous y lisons le nom de M.{lle} *Marie-Marguerite-Louise-Charlotte Grébert*, décédée le 20 novembre 1839, âgée de 65 ans 1/2.

Famille GRÉBERT.

M.{lle} Grébert a laissé sur la terre des traces ineffaçables de son passage. Par l'intermédiaire de son digne ami, M. Voclin, elle faisait le bien sans ostentation et rivalisait avec lui en bonnes actions. Elle a laissé une forte somme pour l'achèvement de l'église St.-Jacques, sa paroisse.

Nous reproduisons les vers gravés sur sa tombe:

« Son corps repose ici, mais au céleste lieu,
Son âme impérissable a remonté vers Dieu.
Vers ce Dieu tout puissant, providence éternelle,
Dont elle pratiquait la charité si belle.
Ne pouvant retracer, célébrer dignement
Ses ferventes vertus sur ce froid monument,
Bénissons les encore en sentant l'impuissance
D'égaler notre éloge à tant de bienfaisance.

Au cœur des malheureux son souvenir si doux,
Ici bas comme au ciel, en dira plus que nous ! »

<small>Chapelle de la Famille LABESSE-BERNAUX.</small>

Nous sommes attirés, à l'extrémité de ce chemin, par une chapelle construite en pierres et briques, peinte en noir, à l'extérieur comme à l'intérieur, et parsemée de larmes blanches. Sur la façade principale sont peints des os en croix et des têtes de morts. La porte est en fer grillée avec ornements en fonte. Au-dessous sont disposés des caveaux pour y recevoir les membres de la famille *Labesse-Bernaux* qui en est propriétaire. Elle a été construite par M. Lefebvre fils, entrepreneur. Elle n'offre rien de remarquable.

<small>Chapelle de la Famille POTRON-LECLERCQ.</small>

Nous revenons en longeant le mur d'est, et nous nous arrêtons à la chapelle de la famille *Potron-Leclercq*. Sous ce monument sont établis des caveaux destinés à recevoir les membres de cette famille. Il est flanqué de quatre pilastres en pierre de Senlis, et surmonté d'un fronton à oreillons au-dessus duquel est une croix. Deux tables également en pierre de Senlis, appliquées à la paroi intérieure du mur de face, sont disposées pour recevoir les inscriptions. On lit sur l'une :

« Charles-Philippe POTRON, avocat, mort le 29 décembre 1825, âgé de 27 ans. »

— 89 —

Sur l'autre :

« Marie-Adèle-Cornélie POTRON, décédée le 8 mai 1820, à 18 ans et demi. »

Ce monument a été construit par M. Mangot fils.

M. et M.⁽ᵐᵉ⁾ Potron-Leclercq voulurent perpétuer le souvenir d'une aussi douloureuse perte en y rattachant celui d'une noble action. Ils fondèrent à perpétuité, à l'Hôtel-Dieu d'Amiens, une salle pour les convalescents.

La mort leur enleva des enfants bien-aimés au début de leur carrière, la noblesse de leur âme les porta à en adopter d'autres qui devaient recueillir l'héritage des premiers : ces enfants adoptifs ce sont les malheureux.

Sous cette colonne, supportée par un double socle en pierre de Senlis, surmontée d'une urne cinéraire et entourée de six bornes carrées avec barres de fer et rosaces, repose M. *Delamorlière, Jean-Baptiste-Natalis,* décédé à l'âge de 73 ans, le 3 décembre 1842.

Tombeau de M. DELAMORLIÈRE.

Lorsque Lille fut assiégée, en 1792, M. Delamorlière se réunit à la milice citoyenne d'Amiens qui vola au secours de cette ville ; plus tard, il fut incorporé dans l'armée de Sambre-et-Meuse.

Rentré dans son pays, il succéda à son père dans la direction de sa maison de teinture.

En 1812, il fut couronné par l'académie d'Amiens qui lui ouvrit ses portes l'année suivante et dont il devint plus tard le secrétaire-perpétuel.

En 1814, il fut élu membre de la chambre des représentants, et comme tel il ne recula devant aucune des charges de sa périlleuse mission. Obligé de quitter son pays après le désastre de Waterloo, il y rentra quelque temps après et continua la carrière commerciale.

En 1830, il salua avec bonheur la Révolution de Juillet. C'est à cette époque qu'il fut nommé receveur des contributions directes de l'un des arrondissements de la ville, emploi qu'il occupait encore à sa mort.

Il est l'auteur de la *Translation des cendres de Gresset*, d'une épitre *à Dijon*, d'un poëme intitulé : *le Soldat voyageur* et de quelques ouvrages industriels.

Peu d'hommes ont honoré leur carrière par de si utiles services et de si éminentes vertus. Il mourut victime du devoir qu'il voulut remplir en assistant aux obsèques d'un ami, lorsque ses forces, depuis longtemps altérées, lui conseillaient d'éviter de semblables impressions : il tomba mourant dans l'église où sa sensibilité l'avait conduit.

En redescendant par l'allée n.° 1, bordant le carré C, nous remarquons les sépultures des familles

Massey l'aîné, *Gensse* et *Demailly*, réunies et fermées par une unique grille en fer que supporte un mur d'appui de 80 centimètres de hauteur.

<small>Sépultures des Familles Massey, l'aîné, Genssе et Demailly.</small>

Sur le premier plan, est un piédestal surmonté d'un ange en pierre dont le doigt désigne le ciel. On lit au-dessous cette parole de l'Ecriture :

« *Nolite flere: non est mortua puella sed dormit.*»

Ne pleurez pas : cette jeune enfant n'est pas morte, mais elle dort.

C'est là que dort effectivement du sommeil éternel Mlle *Marie-Léonie Sautai*.

L'ange est dû à l'habile ciseau de MM. Duthoit frères. On doit regretter, toutefois, que ces artistes n'aient pas choisi une pierre plus propre à l'exécution de ce travail ; elle est *persillée*, et cette défectuosité rend l'œuvre de MM. Duthoit moins parfaite.

Immédiatement derrière est plantée une croix en fer peinte en jaune et supportée par deux gradins en pierre : c'est le tombeau de M. *Genssе* fils, décédé à l'âge de 19 ans.

Derrière cette croix est une pierre sépulcrale couchée, indiquant par son inscription la sépulture de M. *Demailly*, ancien négociant en cette ville.

Au deuxième plan, parallèlement à la croix, on

remarque deux autres pierres également couchées et supportées chacune par un soubassement en briques : elles recouvrent les dépouilles mortelles des frères de M. *Massey.*

Derrière, s'élève un piédestal en forme de sarcophage, à chapiteau orné d'oreillons et de chaque côté duquel sont placés deux cippes surmontés d'urnes, sur lesquelles on lit les noms des père et mère de M. Massey. Au milieu du piédestal est gravée cette inscription :

« La mort qui seule put les séparer, les réunit bientôt. »

M. Massey père et son épouse sont effectivement morts à quatre jours de distance l'un de l'autre. Mme Massey a succombé à la suite d'un bien cruel accident; le feu ayant pris à ses vêtements pendant qu'elle était seule, elle fut victime de cet évènement, malgré les prompts secours qu'on lui prodigua.

Enfin au troisième plan et joignant le chemin n.º 3, est érigé un monument en pierres de Senlis, à quatre compartiments, et surmonté d'un fronton de forme moderne au-dessus duquel est une croix romaine. Dans le tympan du fronton on lit cette inscription en relief :

« Sépulture de la famille Massey l'aîné. »

Un caveau y est construit pour recevoir les membres de la famille. L'épouse de M. Massey, ancien député de la Somme et 1.ᵉʳ adjoint au maire d'Amiens, y a été inhumée le 1.ᵉʳ mars 1844.

La construction de ce monument a été, sur le plan de M. Cheussey, exécuté par M. Salle, entrepreneur de cette ville.

Nous revenons par l'allée à droite, n.° 2 bis, et nous remarquons sur la droite la sépulture de la famille de M. le baron *Aclocque d'Hocquincourt*.

Sépulture de la Famille A CLOCQUE D'HOCQUINCOURT.

Le monument se compose d'une borne carrée, en forme de piédestal, supportée par deux gradins et surmontée d'un chapiteau que termine une croix dorée et en fer.

Sur la face principale sont figurées les armes de la famille, auxquelles sont suspendues cinq croix d'ordres différents. Son blason est d'azur à deux chevrons d'argent, au chef cousu de gueules, chargé de trois cloches d'argent; deux lions pour supports et la couronne de baron. La devise est: 1792 — *20 juin* — 1813.

C'est à un trait de rare dévouement que M. le baron Aclocque d'Hocquincourt dût son anoblissement. Il préserva la reine *Marie-Antoinette* de la fureur populaire, un jour qu'elle grondait menaçante à la porte de la demeure des rois, lors de notre première révolution. Au-dessous de ses armes, on lit cette inscription :

« Messire Noël-Pierre-Charles Aclocque, baron d'Hocquincourt, chevalier de l'Ordre royal de la Légion-d'Honneur, membre du Conseil municipal, décédé le 22 juin 1830, âgé de 79 ans. »

Et au-dessous, celle de son fils :

« Messire Charles-Louis Aclocque, baron d'Hocquincourt, officier supérieur au corps royal d'état-major, officier de la Légion-d'Honneur, chevalier de St.-Louis, et de plusieurs autres ordres, décédé le 3 sept. 1838, âgé de 54 ans. »

Sur les côtés latéraux sont gravées les épitaphes d'autres membres de la famille.

Monument Polart.

Nous redescendons presqu'en face de la tombe de M. Voclin, et nous admirons le magnifique monument de la famille *Polart,* entrepreneurs.

M. *Polart,* et avec lui ses fils, est un de ceux qui ont coopéré particulièrement à l'embellissement du cimetière; et le monument qui nous occupe peut, mieux que tous les raisonnements, en fournir la preuve. Il se compose d'une pyramide quadrangulaire, d'architecture gothique, imitant un clocheton de la cathédrale de notre ville. Il est établi sur un triple socle et environné d'une grille en fer supportée par un mur d'appui en pierre de 50 centimètres de haut. Sur la face principale est sculpté un clepsydre ailé ; les trois autres faces sont unies. Quatre couronnes d'immortelles en fonte sont placées en saillie à chaque angle du monument et supportées par quatre branchons en fer, scellés dans les ogives des rampants. Les chapitaux des colonnes sont ornés de feuilles de plantes aquatiques.

Au-dessous est un caveau de toute la grandeur de la superficie, et qui s'ouvre au moyen d'une trappe en fer.

Sur la face principale du monument on lit en lettres gothiques les inscriptions suivantes :

« Augustine-Eliza POLART, épouse Louvergne,
âgée de 31 ans 5 mois, décédée le 18 avril 1841. »
« Alexandre-Fortuné POLART, entrepreneur de bâtiments,
âgé de 57 ans, décédé le 29 avril 1844. »

C'est avec un sentiment pénible d'émotion que nous visitons la modeste tombe de la famille *Drevelle*, établie dans l'enceinte de la sépulture de la famille *Matifas*, un peu après la précédente.

Sépulture des Familles MATIFAS et DREVELLE.

Trois cippes, dont un gothique, environnés d'une barrière en fer que supportent quatre bornes en pierres, indiquent les noms des personnes inhumées dans ce lieu. Sur le cippe à gauche du visiteur on lit cette inscription.

« A la mémoire des victimes de l'incendie.
Louis DREVELLE, marchand boulanger, âgé de 44 ans,
Geneviève MATIFAS, son épouse, âgée de 41 ans ;
Alexandre-Eugène DREVELLE, leur fils, âgé de 6 ans,
décédés le 21 novembre 1841.

Unis à nos regards par l'amour le plus tendre,
Ensemble ils sont encore ici comme autrefois ;
Un désastre cruel a confondu leur cendre,
Et dans la même tombe ils dorment tous les trois! »

C'est que sous cette pierre, en effet, reposent trois victimes d'un sinistre affreux qui plongea, par ses résultats, toute la ville dans une profonde douleur.

Dans la nuit du 20 au 21 novembre 1841, le feu éclata dans la maison du sieur Drevelle-Matifas et se communiqua rapidement à l'escalier qui conduisait aux étages supérieurs : ainsi, dès l'origine, toute retraite était impossible par le rez-de-chaussée. En quelques instants, les habitants de cette maison, réveillés par les cris des voisins plutôt que par l'incendie qui n'avait point encore atteint la partie supérieure où ils couchaient, se réunirent dans une chambre au 1.er étage, et de là cherchèrent à s'échapper. Deux des enfants, l'un de 11 ans et l'autre de 17, sautèrent par la croisée ; ils furent bientôt suivis de l'un des garçons de la maison ; une domestique ne se précipita dans la rue qu'au moment où le feu allait l'atteindre. Il ne restait donc plus dans ce bâtiment environné de flammes, que Drevelle, sa femme et son fils, âgé de 6 ans. Les deux premiers avaient été vus à la croisée d'où s'étaient échappés ceux dont nous venons de parler. Le père et la mère oubliant leur danger pour ne songer qu'à celui que courait leur enfant, voulurent l'arracher à la mort terrible qui le menaçait, mais, hélas! ils périrent dans l'accomplissement de ce religieux devoir.

Leurs funérailles eurent lieu le lendemain avec quelque pompe. Le maire, les adjoints et plusieurs autres fonctionnaires, revêtus de leurs insignes, accompagnèrent jusqu'à leur dernière demeure ces malheureuses victimes de l'incendie qui laissaient deux orphelins en bas-âge.

Des souscriptions furent organisées au profit de ces derniers, et l'appel fait à la population amiénoise ne fut pas une vaine démonstration, car tous y répondirent avec empressement, et l'on put soulager, autant que faire se peut en pareille occurence, le malheur des orphelins.

  La nuit enveloppait la cité d'un long voile,
  Au ciel sinistre et noir ne brillait nulle étoile ;
  L'airain avait frappé douze fois sur l'airain,
  Quand le son effrayant du funèbre tocsin,
  S'élançant du beffroi, sentinelle avancée,
  Répand l'inquiétude et surprend la pensée,
  Au moment où, timide et rendue au réveil,
  Elle revit en l'homme échappant au sommeil.
  Une clarté soudaine illumine la nue,
  Eclate, tourbillonne et déroule à la vue
  Un incendie affreux, menaçant tout entier,
  De la ville endormie, un populeux quartier.

5.

Au sein de son asile, une famille honnête
Voit le feu destructeur, poursuivant sa conquête,
Envelopper soudain de ses brûlants anneaux
Ses enfants endormis dans leurs frêles berceaux.
En cet instant cruel, le chef de la famille
N'entend plus, ne voit plus la flamme qui pétille
Et dévore sous lui tout moyen de secours :
Son fils est en péril, il veut sauver ses jours,
Le placer dans les bras d'une mère éplorée
Qui, dans un tel désastre, éperdue, égarée,
A travers le brasier se frayant un chemin,
Promène avidement son instinctive main,
Espérant arracher, elle aussi pauvre femme,
Un enfant que déjà lui dispute la flamme......
Une fumée épaisse, un affreux craquement,
Engloutit à jamais ce double dévoûment !
Deux orphelins aux pieds d'une masse fumante
Attendent, mais en vain, qu'une voix consolante
Leur dise : Chers enfants, vos parents sont sauvés,
Dieu qui veille sur tout vous les a conservés......
Pauvres enfants, hélas ! long-temps ils attendirent :
L'attente, puis l'espoir tout à coup s'éteignirent !

Nous recommençons notre promenade par l'allée n.° 3 qui se bifurque à la précédente, près de la plaine F.

Monument de M. Dijon. Le premier monument qui attire nos regards par sa remarquable exécution et le souvenir qui se rattache à la mémoire de l'homme en l'honneur duquel il est érigé, est celui de M. *Dijon*, décédé recteur de l'académie, le 15 mars 1823, à l'âge de 54 ans.

Sur un socle en pierre s'élève un piédestal qui supporte un cénotaphe surmonté d'un chapiteau. Sur les quatre faces du piédestal sont appliquées quatre tables en marbre noir de Belgique. Sur celle de la face principale on lit cette inscription :

« A
La mémoire de Jean-Baptiste Dijon,
Recteur de l'Académie d'Amiens,
Chevalier de l'ordre royal de la Légion-d'Honneur,
Né à Amiens, le 17 mai 1769,
Décédé le 15 mars 1823,
Ses concitoyens,
Ses amis,
Les fonctionnaires et les élèves de son académie. »

Sur chaque face du cénotaphe est sculpté un médaillon. Celui de face renferme le portrait de M. Dijon, celui de droite deux palmes, celui de gauche une lampe sépulcrale, et le quatrième la croix de la Légion-d'Honneur.

Au fronton de la face principale est sculpté un clepsydre ailé, et sur celui opposé une urne lacrymatoire entourée d'une couronne de palmier,

Le plan de ce monument est de M. Cheussey, architecte de la ville, l'ornementation de M. Duthoit, et la construction de Polart.

L'Université perdit en M. Dijon un administrateur habile autant que précieux. Son zèle vivifiait tous nos établissements d'instruction publique : son esprit conciliant, ses avis plein d'aménité, une sollicitude toujours utile, étaient les moyens dont il se servait pour aplanir les obstacles, pour faire partout prospérer les études ; son mérite en administration lui a valu les faveurs de tous les chefs de l'instruction, tous lui ont témoigné une haute estime. Il fut créé chevalier de la Légion-d'Honneur sous le règne de Louis XVIII.

Une souscription fut ouverte pour lui élever un monument. La Commission chargée de l'érection de ce monument était composée de MM. l'abbé Dallery, proviseur du collége ; l'abbé Voclin, curé de Saint-Jacques ; de Beaufort, ancien colonel du génie, membre du conseil municipal et de l'académie des sciences et belles-lettres d'Amiens ; Debray, ancien maire de la ville d'Amiens ; Barbier, directeur de l'école de médecine.

Cette souscription ne tarda pas à être remplie : durable récompense qui suit l'homme de mérite après sa mort et le signale aux générations futures.

Sépulture de la Famille SENART-GRENIER.

En face et bordant la plaine F, est la sépulture de la la famille *Senart-Grenier*, dont l'un des membres, M. Jean-Baptiste Senart, ancien négociant de cette ville, est mort bien malheureusement. Revenant à Amiens de la ferme du Paraclet avec son fils et son domestique, tous trois montés dans un cabriolet, le cheval, effrayé par quelques objets, s'emporta, se cabra, et précipita la voiture dans un fond où elle se brisa. Le fils et le domestique ne furent que légèrement contusionnés, mais M. Senart fut blessé mortellement. On le transporta d'abord à Boves et ensuite à Amiens où il succomba deux jours après. M. Senart a laissé une immense fortune.

Son monument est d'une grande simplicité ; il se compose d'une borne carrée avec chapiteau égyptien surmonté d'une urne en marbre de Boulogne. Quatre plaques du même marbre sont appliquées sur chacune des faces ; il est supporté par un double soubassement et entouré d'une grille en fer.

En suivant l'allée à droite, nous remarquons la modeste tombe de M. *Josse, François-Paul-Angélique*, chirurgien en chef de l'Hôtel-Dieu, professeur à l'école secondaire de médecine et membre du jury médical, décédé le 4 mars 1837 à l'âge de 64 ans.

Tombeau de M. Josse et de Mlle Tavernier.

Un cippe à chapiteau, sculpté et surmonté d'une urne, compose ce monument, qui est environné d'une haie vive et bien garnie. Sur le premier plan, s'élève en tête d'un gazon tumulaire une petite pyramide en marbre blanc d'Italie : c'est le dernier asile de Mlle Pauline Laure Tavernier, décédée le 22 novembre 1845, à l'âge de 16 ans : ange du ciel, elle s'est dégagée de sa dépouille mortelle pour regagner sa patrie !

M. Josse a laissé des souvenirs impérissables de ses talents comme opérateur, en même temps qu'il en a légué les secrets à son fils, qui l'a dignement remplacé dans sa carrière.

Ses obsèques eurent lieu avec pompe : tous les professeurs de l'école de médecine accompagnaient le convoi ; on y remarquait MM. le préfet, le maire, le recteur de l'académie universitaire, tous les confrères de M. Josse et une foule de citoyens de toutes les classes de la société.

Des discours furent prononcés par MM. Rigollot, professeur de l'école; Amable Dubois, docteur en médecine; Anselin, avocat et conseiller de préfecture; et un des élèves du défunt.

Tombes de MM. DE VILLENEUVE-BARGEMONT et de Joseph-Fernand DE FERRAPORTE. Nous montons un peu, toujours sur la droite, et nous nous arrêtons devant deux pierres horisontales, en tête desquelles est gravée une croix de Malte. La première porte cette inscription :

« Paul HÉLION DE VILLENEUVE-BARGEMONT,
Né à Bargemont (Var), le 6 juin 1809,
Fils de M. le Préfet de la Somme
Et de madame la marquise de VILLENEUVE-BARGEMONT.
Un accident funeste l'enleva à sa famille désolée
Et à ses nombreux amis,
A Amiens, le 11 octobre 1829.
Priez Dieu pour lui! »

C'est un bien fatal évènement qui, en effet, trancha les jours de ce jeune homme au début d'une carrière si riche d'avenir.

Le dimanche 11 octobre 1829, il s'amusait, dans une maison particulière, à faire des armes avec ses amis, quand un coup de fleuret l'atteignit au visage, perça le masque qui le couvrait, et pénétra dans la tête au-dessus du sourcil. Le jeune de Villeneuve tomba à la renverse, et malgré les soins qu'on lui prodigua, il ne survécut à sa blessure que quelques heures ; il expira à quatre heures de l'après-midi.

Ses funérailles réunirent un grand nombre de personnes de toutes les classes. Quatre de ses amis portèrent le corps jusqu'au lieu de sa sépulture, où M. Girardin fils prononça un discours plusieurs fois interrompu par ses larmes.

La pierre suivante recouvre la dépouille mortelle de M. *Joseph-Fernand de Ferraporte*, fils de M. le baron de Ferraporte et de Mme Marie-Alexandrine de Villeneuve-Bargemont, son épouse, décédé le 22 août 1830, à l'âge de 17 ans.

Parents et amis, ces deux jeunes gens reposent l'un près de l'autre, aussi inséparables après qu'avant la mort.

Le premier tombeau digne de remarque que nous

Monument de la Famille DESJARDINS-SOYEZ.

rencontrons à quelques pas de notre dernière station est celui de la famille *Desjardins-Soyez.*

Deux cénotaphes creux sont établis sur une ligne parallèle, au premier plan ; dans le fond, et au milieu de l'emplacement, s'élève une pyramide en pierre au milieu de laquelle est sculptée une couronne de pavots qui entoure les initiales V. S. entrelacées. Une table de marbre blanc porte les inscriptions suivantes :

« Victorien SOYEZ, négociant en cette ville,
décédé le 13 juin 1826, âgé de 56 ans. »

« Marie-Elisabeth-Julie FEUILLOY,
veuve de Victorien Soyez,
décédée le 3 juin 1843,
âgée de 74 ans. »

Cette pyramide fut érigée en 1826, lors de la mort de M. Victorien Soyez. Deux tables en marbre noir sont appliquées sur chacun des côtés latéraux.

En janvier 1836, le jeune Desjardins étant mort, la famille fit construire le caveau qui est creusé dans ce terrain, et y éleva les deux cénotaphes dont nous avons parlé. Le premier donne accès dans le caveau, le second sert à renfermer les objets qu'on ne veut pas exposer aux intempéries du temps. Chacun des cénotaphes est orné d'une fort belle table de marbre blanc, destinée à recevoir les inscriptions funéraires. Sur celle du cénotaphe de gauche, on remarque une couronne de feuilles de lierre, à laquelle est noué un ruban, sculptée par M. Duthoit avec un rare bonheur d'exécution : c'est un petit chef-d'œuvre de l'art. Au-dessous, on lit cette simple et touchante épitaphe :

« Il est là !
Théophile Desjardin,
14 ans 7 mois,
30 janvier 1836 »

Le plan et l'exécution de ce monument sont de M. Mangot fils.

Voici la chapelle sépulcrale de la famille *Laurent-Morant*. La façade a la forme d'une borne antique, elle est ornée de plates-bandes en pierre de Senlis semblable à celle qui a servi à sa construction. Les tiroirs destinés à recevoir les cercueils sont établis dans l'épaisseur du mur, à la superficie de la chapelle, et leurs façades, en pierre d'une seule pièce, sont séparées par des pilastres.

Chapelle sépulcrale de la Famille Laurent-Morant.

Elle a été construite par M. Salé sur le plan fourni par M. Laurent père.

La ville d'Amiens doit à ce dernier le développement de l'industrie des tapis et des velours d'Utrecht, qui y est encore en grande faveur, grâce aux perfectionnements que la famille, en la continuant, y a introduits.

On lit sur la paroi du fond ces inscriptions :

« M. Crépin-François Morant, décédé le 9 juin 1846, âgé de 74 ans.

» Marie-Pierre-Alexandre Laurent, décédé le 11 octobre 1842, âgé de 77 ans.

» Adrien-Louis Morant, décédé le 30 décembre 1823, âgé de 89 ans.

» Dame Marie-Anne-Flore Bellair, son épouse, décédée le 27 avril 1812, âgée de 72 ans. »

<small>Cénotaphe de la Famille Pécourt.</small> Tout auprès, et caché derrière une touffe de feuillage très-épaisse, on aperçoit un cénotaphe en marbre blanc qui fait vraiment regretter qu'il soit moins apparent. Il est érigé à la mémoire de Mme *Pécourt*, née *Anastasie Mollet*, décédée le 17 février 1831, âgée de 52 ans.

Sur un des côtés latéraux on lit ce distique :

« Dors en paix dans le ciel, objet de notre amour,
Attends-nous aujourd'hui, demain ce n'est qu'un jour ! »

Ce monument a été exécuté par M. Mention, de Paris, Marbrier.

Nous parvenons au cimetière des protestants, situé à l'extrémité de l'allée que nous parcourons et à notre gauche ; nous n'y rencontrons qu'un monument remarquable, celui de M. *Fatton*, auquel nous nous arrêtons ; tous les autres sont de la plus grande simplicité.

La sépulture de la famille *Fatton* est indiquée par un monument en forme de temple, au devant duquel sont couchées deux pierres sépulcrales. Sur la première on lit cette inscription :

Sépulture de la Famille FATTON.

« Ici repose le corps de M. Abraham
FATTON,
né à Colombier, canton de Neufchâtel,
en Suisse, le 6 février 1768,
décédé à Amiens le 7 janvier 1845,
ancien négociant, membre du tribunal de
Commerce, du Conseil municipal d'Amiens,
et du Conseil général de la Somme,
et ancien secrétaire du Consistoire des églises
protestantes du département.

M. *Abraham Fatton*, ayant acquis, pendant la révolution, l'église Saint-Remy, aujourd'hui vaste entrepôt de roulage, conserva, avec un respect digne des plus grands éloges, les tombes des curés de cette paroisse qui avaient été inhumés, ainsi que cela se pratiquait alors, dans le cœur de leur église paroissiale.

En 1819, M. Fatton offrit à la commission des hospices de cette ville la pierre tumulaire et les restes de M. Heuvel-Antoine sieur de Marconvel, l'un des curés de Saint-Remy et fondateur de l'hospice Saint-Charles, en 1640. La commission administrative ayant accepté cette proposition avec reconnaissance, la translation en eut lieu avec pompe, le 28 mars 1820.

La seconde pierre recouvre la dépouille mortelle de son fils, né le 9 novembre 1794, décédé le 25 janvier 1827.

Cette sépulture est enceinte d'une grille en fer. Le plan du monument est de M. Cheussey.

Monument de M. Plichon. Presque en face de la chapelle de M. Laurent, nous rencontrons, en descendant, le monument élevé à la mémoire de la famille *Plichon,* dont les principaux membres sont et ont été entrepreneurs dans cette ville. Il est divisé, par des colonnettes groupées, en trois compartiments ; sa forme est méplate, dans le goût gothique, et il est imité de notre magnifique cathédrale.

Certaines parties de la sculpture laissent à désirer, entre autre une lampe sépulcrale qui ne ressemble à rien moins qu'à ce symbole. L'exécution entière qui, a part la tache que nous venons de signaler, est d'un grand mérite, est de M. Plichon fils, qui a voulu prouver comme ses confrères, aux nombreux visiteurs, que les entrepreneurs de notre ville ne sont pas seulement constructeurs, mais artistes.

Tombe de M. Herbet. Nous nous engageons dans l'allée n.º 4, et sur la droite, nous nous arrêtons un instant en face de la tombe de Mme *Herbet,* née *Marie-Josephe-Pélagie,* décédée le 11 novembre 1834, à l'âge de 80 ans et 5 mois.

Son monument se compose d'une fort belle colonne en pierre de Senlis d'une seule pièce, surmontée d'une croix en marbre de Boulogne ; le tout est supporté par un piédestal établi sur un socle au devant duquel est une pierre couchée.

Derrière le monument précédent, un peu à droite, et caché par un épais rideau de feuillage, on peut apercevoir une borne antique riche de sculpture : c'est le monument de M. *Duthoit, Louis-Joseph,* né à Lille, le 6 décembre 1766, décédé le 12 novembre 1824.

<small>Tombeau de M. Duthoit.</small>

Tout le monde connaît à Amiens les nombreux services rendus par M. Duthoit père à l'art de la sculpture ; notre plume serait impuissante à faire son éloge. Aussi nous bornerons-nous à indiquer que M. Duthoit père est l'artiste auquel on doit les monuments de MM. Dijon, dont nous avons parlé, et Poulain, que nous allons bientôt rencontrer ; mais ce qui doit ajouter le plus à sa gloire, ce sont ses fils, qu'il a formés pour l'art avec une sollicitude de père et d'artiste, ces fils dont notre ville est justement fière.

Un peu plus bas, à gauche, se trouve la sépulture de la famille *Berthe,* de cette ville ; on y remarque trois pierres couchées, en tête desquelles s'élève un monument moderne ; il est divisé par trois tables en marbre noir destinées à recevoir les inscriptions des

<small>Sépulture de la Famille Berthe.</small>

défunts ; de chaque côté est sculptée une urne lacrymatoire en marbre noir, et au milieu une couronne de feuilles de laurier en marbre blanc ; au-dessus de la corniche est un fronton qui supporte deux consoles sculptées et en volutes, au milieu desquelles est un piédestal surmonté d'une urne en marbre noir. Une branche d'olivier et une de chêne ornent les côtés du fronton ; au-dessous est un caveau ordinaire sans tiroirs. Ce monument fait le plus grand honneur à M. Salé qui est auteur du plan, de l'exécution et de la sculpture.

Le caveau renferme la dépouille de MM. *Berthe* et de son fils.

Le premier était un des négociants distingués de notre ville ; il mourut à Paris, le 28 mai 1842, à l'âge de 81 ans.

Le second est décédé à l'âge de 26 ans, le 22 mai 1835.

Monument de M. Poulain. Nous arrivons aussitôt à celui de la famille *Poulain*, dont le chef a été juge au tribunal de la Somme, avocat près la cour royale d'Amiens, et juge supplémentaire près le tribunal de l'arrondissement de la même ville. Il mourut le 1.er mai 1827, âgé de 64 ans.

Son épouse et son frère sont réunis à lui.

Le monument est d'un beau style, on y remarque de fort belles sculptures dûes à la famille Duthoit.

Il s'élève sur un double socle en forme de cénotaphe que flanquent quatre pilastres en saillies et à angles, ornés de sculptures. Au-dessus de l'entablement est répété un second cénotaphe, mais d'un beaucoup plus petit modèle, surmonté d'un chapiteau à oreillons. Une garniture de feuille d'acanthe est sculptée autour du second socle du premier cénotaphe. Les tables de marbre sont entourées de raies de cœur. Sur chaque face des pilastres est sculptée une urne lacrymatoire, et quatre urnes cinéraires en marbre sont supportées par les attiques de ces pilastres. Le socle qui supporte le second cénotaphe est, comme le premier, orné de feuilles d'acanthe. Sur la face principale, on y lit l'inscription suivante entourée d'une couronne de cyprès :

> « Ils emportèrent les regrets
> de tous les gens de bien. »

Les côtés latéraux sont ornés d'une couronne de laurier, et la face postérieure d'une couronne de cyprès. Sur le fronton de devant est sculptée une couronne d'immortelles, à droite et à gauche un clepsydre ailé et un hibou, derrière une couronne de cyprès.

Nous suivons le chemin, presqu'en face de celui portant le n.º 5 et sur la lisière de la plaine F, un peu après le banc, nous remarquons le monument de

Tombeau de M. WALET.

M. *Walet, Louis-Marie-François*, négociant de cette ville, adjoint au maire, ancien juge au tribunal de commerce, ordonnateur général des hospices, etc. M. Wallet était membre du conseil municipal depuis les journées de juillet et capitaine des voltigeurs au 3.ᵉ bataillon de la garde nationale. Dans ces divers emplois honorifiques, comme pendant la durée de son exercice de juge au tribunal de commerce, il montra beaucoup d'activité et de facilité pour le travail. Il mourut le 16 novembre 1831, à l'âge de 54 ans.

M. Bulan aîné prononça sur sa tombe un discours où il retraça la carrière laborieuse de cet honorable citoyen, sa vive sollicitude pour la chose publique, et le zèle surtout qui l'animait pour la ville qui l'avait vu naître.

Sa tombe est ornée d'un cippe supporté par un double socle et surmonté par un chapiteau formé par deux consoles en volutes, au milieu desquelles est encadrée une palmette. Une grille en fer environne cette sépulture.

Nous tournons sur notre droite, et en suivant le chemin n.º 5, nous remarquons la pierre d'inauguration du cimetière de la Madeleine, posée en 1817. Au-dessous est une maçonnerie entourant une petite caisse dans laquelle sont renfermées plusieurs pièces de monnaie au millésime de l'année d'inauguration dont elles doivent conserver le souvenir. Cette circosntance donna lieu à un incident assez curieux. L'un des fossoyeurs de cette époque, poussé par la cupidité, résolut de s'emparer de ces pièces de monnaie en enlevant, pendant la nuit, la pierre qui recouvrait la petite caisse; mais, grâce à la solidité de la maçonnerie, il échoua dans sa tentative.

Nous nous trouvons, au bout de ce chemin; dans la plaine N, qui n'est en possession que de quatre monuments, construits à gauche et sur une même ligne.

Les deux premières chapelles adhèrent l'une à l'autre : ce sont celles des familles *Cauët* et *Leclerc-Poulain*. Les plans sont de M. Herbaut, architecte; elles ont été construites, la première, par M. Mangot fils, la seconde, par M. Salle; la sculpture est de MM. Duthoit. La dernière chapelle est beaucoup plus remarquable que la première, au point de vue des ornements. Elle est fermée par une porte en fer avec ornements en fonte et croisillons en losanges. Le cadre est orné de grecques et terminé par une corniche, à modillons sculptés, surmontée de deux consoles, au-dessus desquelles s'élève une croix moderne, également sculptée. L'attique est décoré d'un bas-relief représentant des têtes de pavots et des palmettes, et les attiques des pilastres sont ornés d'urnes cinéraires drapées. Enfin, les deux chapelles sont terminées

Monuments des Familles CAUET *et* LECLERC-POULAIN.

par une terrasse de plain-pied avec la partie supérieure du terrain contre lequel elles sont adossées.

L'exécution des sculptures est fort remarquable, et le plan, d'un style parfaitement en harmonie avec l'idée qui doit se rattacher aux monuments destinés à perpétuer le souvenir de ceux qui ont quitté cette vie, si courte et si agitée, pour s'endormir dans une nuit éternelle.

Plusieurs membres des deux familles reposent dans les caveaux destinés à chacune d'elles. M. Cauët est membre du conseil municipal, et M. Leclerc, propriétaire.

<small>Chapelle de la Famille TATTEGRAIN-DELABARTHE.</small> La chapelle suivante est celle de la famille *Tattegrain-Delabarthe*, dont tous les membres ont été et sont encore entrepreneurs des grands travaux d'utilité publique. La façade a la forme d'une borne antique, elle est flanquée par deux pilastres en contreforts ; la porte est en fer avec ornements en fonte, à losanges, au milieu desquels sont encadrés des pavots, des raisins, et un hibou qu'entoure une couronne de feuilles de lierre. L'encadrement de la porte, également de forme antique, est surmonté d'une corniche ornée d'un clepsydre ailé sculpté au milieu de deux consoles en volutes, aussi sculptées. Le monument est terminé par un fronton de forme égyptienne. La clé du cintre, reposant sur les deux contreforts, forme console et est ornée de feuilles de cyprès. Deux niches

sont ménagées pour recevoir deux statues provisoirement placées à l'intérieur. Le plafond de la voûte et les parois intérieures du mur sont recouverts en stuc imitant le marbre. Les tiroirs destinés à recevoir les cercueils sont disposés comme ceux établis dans la chapelle de la famille Laurent-Morant. Plusieurs membres de la famille y sont inhumés. Le plan et l'exécution de cette chapelle sont de M. Tattegrain fils; la sculpture est de M. Duthoit.

Enfin, le dernier monument qu'on remarque dans cette plaine est celui de la famille *Soyez-Barbier*, notaire à Amiens. C'est un cénotaphe creux élevé sur un gradin en granit; il est fermé par une porte en bois sur laquelle est sculptée une torche renversée. Au-dessous est construite une chapelle souterraine avec un autel. Ce monument est surmonté d'une urne antique drapée et ornée d'une couronne de cyprès. Il a été exécuté par M. Vast fils, sur le plan de M. Herbaut; sculpture de M. Duthoit. {Monument de la Famille Soyez-Barbier.}

Nous revenons sur nos pas jusqu'au commencement du chemin n.º 5, nous entrons dans le carré E et longeons l'ancien mur à droite.

Nous nous arrêtons à la troisième sépulture, c'est celle de la famille *Herbet de Saint-Riquier*. Le monument se compose d'un sarcophage en marbre noir supporté par un double socle. Sur la face principale {Sépulture de la Famille Herbet de St.-Riquier, et de M. Porion fils.}

du sarcophage et du socle sont placées deux bandes de marbre blanc destinées à recevoir les inscriptions.

On y lit les suivantes :

« Ici repose le corps de Marie-Jeanne-Félicité
de Saint-Riquier,
Epouse de M. Herbet de Saint-Riquier,
Agée de 45 ans,
Décédée le 23 mars 1826. »

Et plus bas :

« Ici repose le corps d'Alfred Porion,
Fils de M. Louis Porion
Et de dame Félicité Herbet,
Décédé le 17 mai 1846.
A l'âge de 17 ans et 7 mois.
Priez pour lui. »

Ce jeune homme, que la mort a si prématurément ravi à sa famille, était fils unique de M. Porion, adjoint à la mairie d'Amiens. Telle est l'aveugle furie du trépas, qu'elle promène sa faux cruelle au sein des familles, sans pitié pour de touchantes affections, pour des regrets éternels, pour le bonheur surtout qu'on réservait à ceux qu'elle moissonne. Certes, si l'avenir se dessinât jamais, riche d'espoir et de bonheur pour un jeune homme, c'était pour celui-ci, que l'amour de ses parents entourait de tant de sollicitude.

Le sarcophage est de M. Deventer, marbrier en

cette ville. Le mur près duquel il est placé est tapissé de filarias grimpants qui forment un fort gracieux rideau de verdure.

La sépulture qui suit immédiatement la précédente est celle de la famille *Duroyer*, dont le fils est maire de la ville d'Amiens. On y remarque un simple piédestal supporté par un socle et surmonté d'un chapiteau dans le goût égyptien, à oreillons sculptés, le tout en pierre de Senlis.

Sépulture de la Famille DUROYER.

On y lit l'inscription suivante, qui est celle de la mère de M. Duroyer :

« Ci git
Marie-Thérèse-Louise-
Charlotte DINCOURT,
Veuve de J.-B. Boistel
Duroyer,
Décédée le 22 avril 1826,
Agée de 75 ans. »

Le quatrième monument à la suite est une pyramyde quadrangulaire en pierre de Senlis, supportée par un double socle et surmontée d'une urne cinéraire en marbre noir. Sur la face principale et à l'élévation supérieure est appliquée une croix également en marbre noir. Sur le premier socle est une bande de marbre portant cette inscription :

Monument de Mme LECARON Ve de M. DE St-RIQUIER.

« Ici repose le corps de Mme Marie-Marguerite Félicité LECARON,

Veuve de M. Louis-Alexandre de Saint-Riquier,
décédée le 11 décembre 1837,
âgée de 82 ans.

Ce monument est de M. Mangot, qui en a fourni aussi le plan.

<small>Tombeau de M. Côme de S.¹-Riquier.</small> Le tombeau suivant est celui de M. *Côme-Alexandre de Saint-Riquier,* propriétaire, décédé le 28 décembre 1838, à l'âge de 54 ans, et dont la veuve a épousé, en secondes noces, une des célébrités scientifiques de notre ville, M. le docteur Barbier. Une colonne en marbre noir et d'une seule pièce, supportée par un piédesdal de même, compose le monument, qui est terminé par une urne en marble blanc. Une tablette de même marbre est appliquée sur la face principale du socle. On y lit l'inscription des nom et qualité du défunt.

Le carré à droite de ce mur n'offre rien de bien remarquable, ce qui nous détermine à continuer notre promenade en suivant le côté opposé du mur.

<small>Sépulture de la Famille Renard-Rabache.</small> La première sépulture digne de fixer l'attention est celle de la famille *Renard-Rabache.*

Le monument est adossé contre le mur, il est à trois compartiments formés par un semblable nombre de tables de marbre noir destinées à recevoir les inscriptions. Sur la frise en marbre noir on lit :

« Sépulture de la famille RENARD-RABACHE. »

De chaque côté est sculptée une couronne d'immortelles ainsi que deux flambeaux renversés auxquels est suspendue une guirlande de cyprès. Au milieu du chapiteau est un clepsydre ailé et au-dessus une croix en fer, dorée. Quelques arbrisseaux au feuillage sombre et durable ornent les abords de ce monument qu'a construit M. Mangot. Les ornements sont de M. Duthoit.

La quatrième, après la précédente, est la sépulture de la famille *Gamand,* dont le père est depuis fort long-temps chef de bureau à la préfecture de la Somme, et les fils négociants en cette ville. Le monument, également adossé contre le mur, est d'un style à la fois simple et de bon goût. Le chapiteau est formé par deux consoles en volutes au millieu desquelles est une croix en pierre. On lit sur la frise, sculptée en creux :

Sépulture de la Famille GAMAND.

« Famille GAMAND. »

Sur l'une des tables destinées à rappeler la mémoire des défunts, est gravée cette inscription :

« François-Joseph GAMAND,
décédé le 3 septembre 1844,
âgé de 36 ans. »

Il est peu de personnes à Amiens qui n'aient connu

ce jeune homme dont les rares qualités lui conquirent l'estime générale. Quand la mort l'enleva, si jeune encore, à ses nombreux amis, ceux-ci témoignèrent, par leur présence à ses obsèques, et leurs regrets pour un ami vivement aimé, et leur affection pour une famille justement estimable.

Deux saules-pleureurs inclinent mélancoliquement leurs têtes près du monument, et deux thuyas croissent de chaque côté de la grille en fer qui ferme cette sépulture.

Les allées n.° 6 et 7 et le carré O n'offrent rien de remarquable aux visiteurs, si ce n'est la promenade, qu'on rencontre toujours agréable et mélancolique.

Nous abandonnons l'aile droite, que nous avons entièrement parcourue, et continuons notre promenade en traversant la terrasse afin de prendre l'allée indiquée au plan sous le n.° 9, qui sépare les carrés H et I. Nous suivrons le carré H, et indiquerons quand nous devrons nous arrêter à celui opposé.

Sépulture de la Famille DELATTRE.

Le premier monument qui fixe nos regards est celui de la famille *Delattre,* dont le nom est gravé en creux sur la frise. Dans le tympan du fronton sont sculptés deux flambeaux à demi-renversés ainsi qu'une couronne de pavots et un clepsydre ailé. Le monument est supporté par trois gradins en pierres, et terminé par une croix dorée. A l'élévation supérieure, on lit cette inscription :

« Ici repose le corps de Nicolas-Stanislas-François DELATRE, notaire honoraire, marguiller de la paroisse Notre-Dame en la cathédrale d'Amiens, et ancien membre du conseil municipal, décédé le 7 mars 1842, âgé de 79 ans. »

Au premier plan est une lourde colonne en pierres sur laquelle sont gravées plusieurs autres inscriptions.

La sixième sépulture après celle de la famille Delattre, offre une colonne en beau marbre blanc, supportée par un double socle, le premier en pierres, le second en marbre semblable à celui de la colonne. Au-dessus, est une urne drapée à laquelle est suspendue une couronne d'immortelles, l'une et l'autre en marbre ; autour de l'urne est gravée cette dédicace :

« A mon bon père ! «

Sépulture de la Famille DENEUX-BUQUET.

L'urne et la couronne, sculptées par M. Duthoit, sont d'une exécution irréprochable.

A l'élévation supérieure du fût de la colonne, on lit cette inscription, gravée en lettres dorées :

« Sépulture de la famille DENEUX-BUQUET. »

Plusieurs membres de cette famille, la plupart anciens négociants, sont inhumés dans cette enceinte.

Tombe de Mme Bérigny, V.^e du chevalier de Gayant. Le tombeau suivant est celui de Mme *Catherine Bérigny,* veuve de M. le chevalier Gayant, inspecteur-général des ponts-et-chaussées, décédée le 26 avril 1836, à l'âge de 61 ans.

Son monument se compose d'une colonne en marbre noir, de 1 mètre 80 centimètres environ d'élévation, supportée par un piédestal.

Famille Héren et Nourry. Nous rencontrons à la gauche, bordant le carré I, les premiers monuments de cette ligne; ce sont ceux des familles *Héren* et *Nourry,* de cette ville l'une et l'autre.. Chacun des deux monuments se compose d'un cippe à chapiteau de la plus grande simplicité. Le terrain de la famille Nourry est fort bien entretenu et témoigne de la fréquente présence de ses membres dans le lieu où reposent ceux dont la mort les a séparés.

Sépulture de la Famille Sauvé-Lecoq. Nous reprenons la droite et nous arrêtons à la sépulture de la famille *Sauvé-Lecoq,* la septième après celle de Mme Bérigny de Gayant.

On remarque une borne antique sur laquelle est gravé un grand nombre d'inscriptions funèbres, entre autres celle-ci :

« Charles-Honoré-Joseph Sauvé,
Docteur en médecine,
Décédé le 14 juillet 1841,
Agé de 38 ans. »

M. Sauvé fut un des médecins des pauvres que ceux-ci estimaient le plus ; il s'acquitta toujours avec empressement et dévouement de ses modestes fonctions qui ne rapportent ni gloire, ni honneur, et qu'on est loin, par conséquent, d'envier et de solliciter. Il fut membre de la société médicale, ancien membre du conseil de salubrité et en dernier lieu chirurgien du collége royal.

A gauche de la borne antique dont nous venons de parler, s'élève une colonne en pierres surmontée d'une croix. On y lit cet hommage de l'amitié :

« A Charles-Honoré-Joseph Sauvé,
Docteur en médecine, souvenir d'amitié »

Cette sépulture est entourée de barres de fer que supportent huit bornes en pierres.

Les sépulptures des familles *Canaple* et *Guilbert* viennent à la suite de la précédente. Les monuments en sont fort simples, mais le terrain y est parfaitement entretenu. Des thuyas et autres arbustes au sombre feuillage y agitent leurs rameaux melancoliques, lesquels, par les ombres qu'ils réflètent, font re-

Sépultures Canaple et Guilbert.

vivre plus fortement dans la pensée le souvenir de ceux qui reposent dans cette tombe, et qu'on croit encore voir apparaître sur la terre pour nous redire adieu.

Tombe de M. Cozette. En face, nous remarquons un monument auquel se rattache le souvenir d'un homme qui emporta les regrets de tous ceux qui l'ont connu. Il n'était point placé fort haut sur l'échelle sociale, mais il l'était dans l'estime de ses amis. Nous voulons parler de M. *Cozette-Balesdent, Firmin-Unité,* brasseur, décédé le 22 janvier 1844, à l'âge de 49 ans. On voit, par l'entretien soigné des plates-bandes et carrés distribués dans l'enclos affecté à cette sépulture, que la femme et les enfants du défunt viennent souvent lui consacrer quelques instants. Sa perte a été vivement sentie par ses nombreux amis, qui tous l'ont accompagné à sa dernière demeure.

Tombe de M. Marotte fils. Nous reprenons la droite, et aimons à nous arrêter devant cette borne antique que cache en partie le buis aux rameaux sombres, le houx épineux et plusieurs plantes parasites qui croissent à l'entour. C'est la 7.ᵉ sépulture, à droite, après celle que nous venons de quitter; elle est environnée d'un treillage. Rien de plus simple que cette tombe où sont déposées les dépouilles mortelles d'un jeune homme, l'orgueil et l'idole de sa famille, qu'une terrible épidémie, qui sévissait alors au collège d'Amiens, la fièvre typhoïde, enleva au monde, comme l'ouragan emporte la fleur naissante. M. *Louis-Emile-Hyacinthe Marotte*, décédé le **18** juin **1838**, âgé de **17** ans, repose sous cette pierre sur laquelle est gravée cette inscription :

« Ange de douceur et de vertu, élève distingué du collége d'**Amiens**, petit-fils de M. **Marotte**, ancien doyen du conseil de préfecture, fils unique qui laisse un père et une mère mortellement blessés.
Enfants et pères priez pour lui et priez
pour ses parents! »

Puisse l'expression de nos regrets, que notre muse balbutie, alléger quelque peu ceux de parents aussi aimants.

Hélas! encore assis sur les bans de l'école,
Il voyait l'avenir sous un prisme doré;
Et comme on voit au soir l'éclatante auréole
Présager un beau jour ardemment désiré,
La vie ouvrant pour lui sa pesante barrière,
Déjà lui révélait une noble carrière......
Mais un souffle de mort sur sa tête a passé,
Et le jeune arbrisseau sur sa tige a cassé!

A la suite se trouve la sépulture de la famille *Facquez*. Le monument est de forme méplate avec entablement supportant un fronton dans le tympan duquel est sculpté le symbole de la médécine, et de chaque côté une branche de chêne. Au-dessus de la frise

Sépulture de la Famille FACQUEZ.

et sur une bande de marbre noir est gravée, en lettres dorées, cette inscription

« Sépulture de la famille Facquez. »

Le sol est planté d'arbrisseaux et de fleurs ; deux plates-bandes parfaitemeut entretenues ornent cette sépulture qui renferme les dépouilles mortelles de MM. *Jean-Baptiste-Louis-Joseph-Lenoël Facquez-Delavallé*, ancien pharmacien major et civil, décédé le 22 décembre 1844, âgé de 63 ans, et *Henri-Honoré-Nicolas Facquez*, frère du précédent, aussi pharmacien, membre de l'académie d'Amiens, de la société médicale, du conseil académique, du conseil de salubrité et du jury médical du département de la Somme, ancien membre du conseil municipal, décédé le 8 septembre 1833, âgé de 78 ans.

Tombe de M. Demetz.

Derrière la précédente sépulture est celle de M. *Demetz, François*, courtier de commerce, décédé le 31 août 1845, à l'âge de 58 ans.

Son monument se distingue particulièrement par une croix dorée en fer de 3 mètres de haut que supporte un beau piédestal en pierres. Une grille en fer avec ornements en fonte entoure cette tombe.

Sépulture de la Famille Jérosme.

La tombe de la famille *Jérosme*, qui suit immédiatement celle de M. Facquez, offre plusieurs monuments détachés, tous aussi simples les uns que les autres.

On remarque d'abord un cippe à fronton et oreillons, surmonté d'une urne; il porte cette inscription :

« Ici repose le corps
de M. Anthime-Joseph Jérosme,
propriétaire,
décédé à Paris, le 9 septembre 1842.
âgé de 59 ans. »

« Bon père, tendre époux,
Ami dévoué, fidèle ;
Il fut aimé de tous,
Et de tous, le modèle. »

Vient ensuite une colonne en pierres, parallèle au cippe précité; une croix dorée la surmonte. Sur le fût de la colonne est gravée cette épitaphe :

« Ici repose le corps
de dame Marguerite-Victoire
Guidée,
Epouse de M. Jacques Jérosme,
ancien négociant,
décédée le 5 janvier 1836,
âgée de 79 ans. »

Enfin sur une borne antique, élevée à la mémoire de M. *Agathocle Jérosme*, fils de M. Anthime et de dame Virginie Guidée, dont nous venons de nous occuper, on lit les vers suivants, fort bien sentis :

« Beau lys, le ciel jaloux t'enviait à la terre ;
C'en est fait ! sourd aux cris d'un père et d'une mère,

Il veut d'un monde impur préserver ta candeur.
Nature, tu gémis : quel coup, quelle rigueur!
Mais écoute la foi : par un heureux échange,
Dans un fils bien aimé, dit-elle, vois un ange,
Et même en le pleurant souris à ton bonheur! »

Ce jeune homme mourut le 31 décembre 1832, à l'âge de 11 ans. Une grille entoure cette sépulture, ornée de plates-bandes bordées de buis et plantées de fleurs.

<small>Famille Dubrulle.</small>

Nous passons devant la sépulture de la famille *Dubrulle*, composée de négociants et propriétaires; on remarque une colonne surmontée d'une croix en fer. Des barres de fer supportées par des bornes en pierre entourent ce monument.

<small>Tombe de M. Dargent.</small>

Une pyramide quadrangulaire en pierre de Senlis, dans le goût égyptien, nous indique la tombe de M. *Dargent,* décédé le 21 mars 1823, maire de la ville d'Amiens. Cette pyramide est supportée par un piédestal recouvert d'une corniche à oreillons sculptés. Aux quatre faces de ce piédestal sont appliquées un pareil nombre de tables de marbre noir propres à recevoir des inscriptions. Celle de face porte la suivante :

« Ici repose
le corps de M. Charles-
Nicolas-Antoine Dargent,
décédé le 21 mai 1823,

âgé de 67 ans et demi.
Maire de la ville d'Amiens,
Chevalier de l'ordre royal de la Légion-d'Honneur,
Président de la chambre de commerce
et membre du conseil d'arrondissement. »

Sur l'un des côtés latéraux on lit cette inscription ·

« Ici repose
Louis-Fidèle Grandsire,
décédé à Paris, le 5 mars 1838,
âgé de 31 ans. »

Ce dernier, petit-neveu de M. Dargent, a été ramené de Paris pour être inhumé près de son oncle.

A l'élévation postérieure des quatre faces de la pyramide sont sculptés, sur celle principale, la croix de la Légion-d'Honneur ; à droite, un clepsydre ailé ; à gauche, une lampe sépulcrale ; et sur la quatrième, une urne lacrymatoire : ces symboles sont tous entourés d'une couronne de cyprès.

Ce monument est de M. Polart, les ornements de M. Duthoit, et le plan de M. Cheussey.

M. Dargent est mort dans l'exercice des fonctions de maire, le 21 mai 1823, à 5 heures du soir. Le son du beffroi apprit à toute la ville qu'elle venait de perdre son premier magistrat et l'un de ses citoyens les plus recommandables. L'avis suivant, placardé sur tous les murs de la ville, en faisait connaître la nouvelle en ces termes :

« Habitants de la ville d'Amiens,

La mort vient de vous enlever votre premier magistrat dans la personne de M. Nicolas-Antoine-Charles Dargent, maire de la ville, chevalier de la Légion-d'Honneur, ancien président du tribunal de commerce, président actuel de la chambre de commerce et membre du conseil d'arrondissement.

Plus de quarante années de services rendus avec le plus grand zèle à la chose publique et les qualités éminentes qui le distinguaient, donnent à ce digne magistrat les titres les plus honorables à l'attachement, à l'estime et à la vénération de ses concitoyens.

La ville perd en lui un administrateur intègre, sage et éclairé, les pauvres un protecteur et un bienfaiteur, et tous ceux qui l'ont connu un véritable ami.

Je suis persuadé, ainsi que mes collègues, que nos concitoyens partageront les vifs regrets que nous inspire ce déplorable évènement.

L'adjoint de la Mairie, faisant les fonctions de Maire,

Herbet de Saint-Riquier. »

Le lendemain, de six heures du matin à huit heures du soir, on sonna à différentes reprises la cloche du beffroi et celle de la paroisse St. Germain, qui était la sienne.

Le surlendemain, le son des mêmes cloches se fit entendre. L'église de Saint-Germain n'étant pas assez grande pour contenir tous les assistants, la messe fut chantée dans celle de la cathédrale. Le cortége s'y rendit, de la maison mortuaire, par la place du beffroi, la rue de Berri (aujourd'hui rue des Chaudronniers), le Grand-Marché, la rue Saint-Martin et la rue Henri IV. Il était précédé de la garde nationale à cheval, de la gendarmerie, et escorté par les compagnies de sapeurs-pompiers et d'artillerie de la garde nationale ainsi que d'un détachement du quatrième régiment d'infanterie suisse. Il se composait du conseil municipal, ayant à sa tête MM. les adjoints, du tribunal et de la chambre de commerce, de MM. les professeurs du collége royal, revêtus de leurs costumes et de plusieurs autres fonctionnaires, citoyens, vieillards de l'hospice, etc. Le cercueil était porté par les sapeurs-pompiers et entouré par des sergents de ville portant des flambleaux. Les coins du poële étaient tenus par MM. Debray, ancien maire de la ville, le vicomte Blin de Bourdon, député de la Somme, ancien maire de la ville, Daveluy-Bellencourt, député de la Somme, et de Calonne, chevalier de l'ordre royal et militaire de Saint-Louis, tous quatre membres du conseil municipal.

Dans le cœur de l'église, assistaient à la cérémonie funèbre: MM. le conseiller d'état, préfet de la Somme, le maréchal-de-camp commandant le département; le premier président de la cour royale, M. Chabron de Solilhac, membre de la chambre des députés, lieutenant du Roi, et les officiers du 4.ᵉ régiment d'infanterie suisse.

Après la cérémonie religieuse, le convoi s'achemina vers le cimetière de la Madeleine. M. Herbet de Saint-Riquier prononça un discours sur sa tombe au moment où le cercueil y fut déposé. Toute la façade de la mairie fut tendue en noir avec les armes de la ville.

Sépulture de la Famille Girardin. En face de ce monument est la sépulture de M. *Girardin,* ancien bâtonnier de l'ordre des avocats du barreau d'Amiens, décédé le 14 juin 1842, à l'âge de 70 ans.

Son monument se compose d'une petite colonne en pierre, surmontée d'une urne cinéraire. Une pierre horizontale recouvre la dépouille mortelle de M.ᵐᵉ *Florentine-Alexandrine-Ferdinande de Chilienghien,* épouse de M. le baron de Cœnens, décédée le 3 juillet 1831, à l'âge de 61 ans.

Cette dame, d'origine belge, est la belle-mère de celui auprès duquel elle repose ; et M. Girardin est le père de l'avocat actuel de ce nom auquel il a légué ses talents et sa réputation et qui est aujourd'hui l'une des célébrités de notre barreau.

Nous reprenons le côté droit, et, près de la pyramide de M. Dargent, nous nous arrêtons devant la sépulture de la famille *Blanchard*. On y remarque une borne antique en beau marbre blanc; elle est élevée à la mémoire du fils de M. Herbet-Blanchard, négociant en cette ville. Derrière celle-ci, en est une autre en pierre sur laquelle on lit les inscriptions qui rappellent l'époque et la cause de la mort de deux autres de ses fils, MM. *Natalis*, mort sur le champ de bataille près d'Oran, et l'autre, *Eugène-Edouard*, mort à Thionville où il était en garnison. A l'élévation supérieure de ce monument sont sculptées une urne lacrymatoire et une couronne de laurier.

<small>Sépulture Blanchard-Herbet.</small>

En suivant, nous passons devant une colonne en marbre noir granité qui décore la tombe de M. *Riquier*, *Jean-Baptiste-Guillaume*, décédé le 27 avril 1842, à l'âge de 80 ans. M. Riquier était doyen du conseil de préfecture, vice-président de la chambre de commerce, membre de l'académie d'Amiens et chevalier de la Légion-d'Honneur.

<small>Tombe de M. Riquier.</small>

Une grande affluence de citoyens, les autorités de la ville, M. le Préfet, des membres de la chambre et du tribunal de commerce, le conseil de préfecture, une députation de l'académie, etc., ont accompagné le corps jusqu'au cimetière. Plusieurs discours ont été prononcés, notamment un par M. Gossart, au nom du conseil de préfecture, et un autre par M. Obry, chancelier de l'académie, au nom de cette compagnie.

M. Riquier était un de ces esprits persévérants que les obstacles n'arrêtent que quand l'impossible leur est démontré. Long-temps il rêva le projet de doter son pays de deux branches d'industrie propres au midi de la France : la culture des mûriers et l'éducation des vers à soie. Déjà des résultats avaient été obtenus, après d'immenses efforts, mais la mort ne lui permit pas de mener à fin une pareille tentative.

<small>Tombe de M de Mallet, comte de Coupigny.</small>

Enfin l'avant-dernière sépulture sur cette ligne est celle de M. *Charles-Julien-Joseph-Florent de Mallet*, comte de Coupigny-d'Hénu, ancien officier supérieur d'infanterie, chevalier de Saint-Louis, né à Occoche, le 25 octobre 1760, et décédé à Amiens, le 13 janvier 1842. Le monument se compose d'un cippe en marbre blanc avec chapiteau à oreillons sculptés.

Nous tournons de l'autre côté du carré H en suivant la droite du chemin précédent qui, à raison de la solution de continuité, figure au plan sous le n.º 10.

<small>Sépulture de la Famille Amye et Franchemont.</small>

La première sépulture qui attire nos regards est celle de la famille *Amye*, y compris son ami, M. *Franchemont*, ainsi que l'indique l'inscription gravée sur le monument, qui est fort simple; c'est un cippe en pierre et à chapiteau, surmonté d'une urne cinéraire. Une croix d'honneur, celle dont est décoré M. Amye, conseiller à la cour d'Amiens, est gravée sur la face principale. M. Franchemont, propriétaire et rentier, dont les liens d'amitié qui l'unissaient à M. Amye sont attestés si authentiquement par la volonté de ce dernier, ce qui honore l'un et l'autre, repose déjà dans ce dernier asile où ils se réuniront pour ne se plus séparer.

Tout auprès est une colonne sur piédestal et socle que termine une urne drapée à laquelle est suspendue une couronne d'immortelles d'une exécution remarquable. C'est le monument de la famille *Lefebvre*, ingénieur en chef au corps des mines de cette ville.

Famille LEFEBVRE.

Son épouse repose sous ce monument ; elle est décédée le 8 avril 1842 âgée de 42 ans.

A la suite, nous rencontrons la sépulture de la famille *Delahaye-Derogy*. Une borne antique, surmontée d'une croix, nous fait connaître le dernier asile de M. *Delahaye-Martin*, qui, ainsi que le mentionne son épitaphe, *a passé la plus grande partie de sa vie au service gratuit de ses concitoyens*. Il fut président du Jury d'inspection des arts et métiers, et pendant au moins 20 ans il présida le conseil des prud'hommes à la satisfaction des justiciables, qui trouvaient en lui un homme intègre, conciliant et ferme à l'occasion.

Famille DELAHAYE-DEROGY.

Nous poursuivons jusqu'au monument de forme

Famille Durand-Delafosse. — moderne, élevé à la mémoire des membres défunts de la famille *Durand-Delafosse*. Il est divisé par trois tables de marbre noir placées dans des encadrements en pierre. Sur la frise est sculptée, en relief, le nom de la famille. C'est à M. Polart-Vast qu'on en doit l'exécution. Mlle *Marie-Marguerite Rousselle*, fabricante, y est inhumée.

Tombe de M. Routier. — Nous arrivons devant la sépulture de M. *Jean-Baptiste Routier*, docteur en chirurgie, décédé le 21 décembre 1839, à l'âge de 62 ans. Rien de plus simple que ce monument composé d'un cippe à chapiteau formé de deux consoles renversées, au milieu desquelles s'élève une urne. Ce monument est établi sur parpaing. Sur la face principale on lit l'épitaphe suivante, gravée sur une table de marbre noir :

« Ici repose
Louis Jean-Baptiste Routier,
Docteur en chirurgie,
Chevalier de la Légion-d'Honneur,
Chirurgien en chef de l'hôpital Saint-Charles,
Membre de l'académie d'Amiens,
Membre correspondant de l'académie de médecine de Paris.

L'académie des sciences et des arts du département de la Somme perdit en M. Routier l'un de ses membres les plus zélés. M. Fevez, collègue de ce dernier, prononça sur sa tombe un discours dont nous extrayons le passage suivant imprimé dans le journal le *Glaneur.*

« Doué d'un jugement prompt et sain, remarquable par
» une élocution brillante et facile, **M.** Routier était égale-
» ment empressé, soit dans les hôpitaux qui lui étaient con-
» fiés, soit à l'académie des sciences et arts du département
» de la Somme, soit au conseil de salubrité qu'il éclaira de
» sa lumière, soit enfin dans le sein de votre compagnie.
» Membre depuis plus de trente ans de la société médicale
» dont il avait été l'un des fondateurs, il fut appelé plusieurs
» fois à l'honneur de la présider; sa grande pratique, sa
» grande expérience, le mirent bien souvent à même de
» rendre ses séances et plus instructives et plus remplies·
» Récemment encore, lorsqu'un réglement nouveau le dis-
» pensait, à raison de son grand âge, d'une assiduité trop
» fatigante pour quelques-uns de ses confrères, il montra, par
» sa présence, que les années n'avaient point altéré, ni la
» verdeur de sa robuste constitution, ni son amour constant
» pour l'avancement de la science médicale. Fidèle au noble
» but que la société cherche à atteindre, il concourut avec
» elle de tous ses efforts pour la propagation de la vaccine;
» il employa tous ses efforts et tous ses soins à combattre le
» déplorable préjugé que conservent encore quelques per-
» sonnes ignorantes contre ce précieux préservatif de la petite
» vérole. C'est surtout pendant qu'il était médecin des pau-
» vres, qu'il déploya pour la vaccine un zèle infatigable; et
» tel fut toujours son désir d'inspirer de la confiance pour ce
» spécifique, qu'il ne craignait pas, il y a peu d'années en-
» core, de faire des expériences relatives aux vaccinations
» sur ses propres enfants. »

Le monument suivant est un des plus riches du

Monument de la Famille Fouache-d'Halloy.

cimetière; tout y est magnifique et grandiose, l'art y a épuisé tous ses trésors. Il est de forme gothique, style du XVIe siècle. Une table de marbre noir d'une seule pièce, divisée par deux filets d'or, est encadrée dans l'ogive qui forme la face principale. Une inscription seule y est gravée, c'est celle de dame *Juliete-Adeline-Joséphine Lebon,* épouse de M. Gédéon, Fouache-d'Halloy, décédée le 1.er octobre 1843. Bien qu'une seule épitaphe soit inscrite sur la table de marbre dont nous avons parlé, il est facile de voir qu'une seconde tombe a été récemment creusée et refermée dans l'enceinte de cette sépulture. En effet, M. *Gédéon, Fouache-d'Halloy,* époux de la précécédente, et juge au tribunal civil d'Amiens, repose près de son épouse depuis près de six mois.

Nous extrayons du discours prononcé par M. Labordère, président de ce tribunal, le passage suivant, bien propre à faire connaître les qualités qui distinguaient M. Fouache-d'Halloy et comme homme privé et comme magistrat :

« Il comprit, au début de sa carrière judiciaire, dit
» M. Labordère, tout ce qu'elle exigeait de dévouement. Il
» s'y consacra avec une ardeur de zèle qui se déploya, sur-
» tout lorsque son expérience et les épreuves qu'il avait su-
» bies lui valurent d'être investi des redoutables fonctions de
» juge d'instruction.

» On se souvient avec quelle ardente activité, avec quelle
» inquiétude de probité consciencieuse, avec qu'elle pénétra-

» tion d'esprit il recherchait la vérité cachée trop souvent au
» milieu des ténébreuses manœuvres dont savent s'entourer
» ceux qui ont intérêt d'échapper à l'œil de la justice.
» Chaque affaire, lorsqu'elle présentait des difficultés sé-
» rieuses, était un problème dont le laborieux examen,
» loin de rebuter ou de décourager son zèle, l'excitait au
» contraire, et y ajoutait cette persévérante énergie d'appli-
» cation qui parvient à vaincre tous les obstacles. Aussi
» était-ce pour lui un moment de triomphe que celui où,
» après avoir vu naître la lumière dans de longues investi-
» gations et saisir d'une main ferme les preuves qu'il avait
» su trouver, il tenait enfin réunis les éléments de conviction
» qui avaient couronné ses infatigables recherches. Heureux
» lorsqu'il avait livré à la justice d'infaillibles moyens d'éclai-
» rer sa marche et d'assurer l'exécution de la loi ! Plus heu-
» reux encore lorsqu'il lui était donné de dissiper d'injustes
» soupçons ou de sauver d'une fatale erreur ceux qui avaient
» subi devant lui la cruelle nécessité d'avoir à s'en défendre !
» Il mérita souvent des éloges et n'eut jamais besoin d'in-
» dulgence dans des fonctions où il n'est pas une faute, pas
» une négligence, pas un retard qui n'ait de fâcheux et re-
» grettables résultats.

» Ses collègues, à qui il fut cher à tant de titres, n'ou-
» blieront jamais la douce intimité des rapports de chaque
» jour qu'ils eurent avec lui. Il y apportait l'urbanité de ma-
» nières, les prévenances affables, l'obligeante bienfaisance
» dont il avait trouvé plus d'un exemple dans sa famille.
» On aimait la vive ponctualité de sa parole qui répondait
» si bien à la loyale franchise de son heureux caractère. Ami
» passionné de la vérité, qui est la vie et la lumière du juge,
» il la suivit toujours pour guide dans ses relations privées,
» et, sans blesser personne, il sut se concilier l'estime et la
» confiance de tous.

» Pourquoi faut-il qu'il ait été moissonné dans toute la
» force de l'âge, qu'il ait été enlevé à l'affection de ses col-
» lègues, à celle de ses parents, de ses amis, à son jeune
» fils, doux objet de ses plus tendres sollicitudes, et à qui,
» dans la préoccupation du sort qui l'attendait, il a légué un
» second père! C'est que la Providence, guidée dans ses
» desseins par une puissance mystérieuse, retire de ce
» monde qui il lui plaît, au moment qu'elle lui a marqué.
» Et nous, qui restons frappé de ce désastre, sachons puiser
» dans notre douleur de graves avertisssements, et chercher
» quelques pensées consolantes au sein même de notre rési-
» gnation et de nos regrets. »

Les membres de moulure et les ornementations du monument sont d'une netteté et d'une perfection fort remarquables et qui suffiraient, s'ils n'avaient déjà donné tant de preuves de leurs beaux talents, pour établir la réputation de MM. Duthoit Frères auxquels sont dûs et le plan et la sculpture de cet édifice funéraire, dont M. Salé est le constructeur.

Tombe de Mme de Gorguette-d'Argœuves. Le monument suivant, représenté par un piédestal terminé par une demi-sphère que surmonte une croix, est celui de dame *Annette Fouache-d'Halloy,* épouse de M. le comte Auguste de Gorguette d'Argœuves, décédée le 7 mars 1843, à l'âge de 45 ans. Cette dame est la sœur de M. Fouache-d'Halloy, dont nous venons de parler.

Nous rencontrons à quelques pas de là un piédestal

à peu près semblable au précédent, surmonté d'une corniche que termine une attique cintrée. Sur chacune des faces de ce monument sont gravées les inscriptions des personnes inhumées dans l'enceinte de cette sépulture, affectée à la famille *d'Argœuves*, anciens seigneurs de la commune de ce nom, située à une lieue d'Amiens. Famille des Comtes D'ARGOEUVES.

Mme la comtesse *d'Argœuves*, née *Jacqueline-Thérèse Demon*, décédée le 2 août 1840, à l'âge de 75 ans, M. le comte *d'Argœuves*, époux de la précédente, ancien capitaine de dragons et ancien membre de l'académie d'Amiens, décédé le 3 décembre 1839, dans sa quatrevingtième année, le chevalier de *Gorguette-d'Argœuves*, maréchal-de-camp et armées du Roi, chevalier de l'ordre royal et militaire de Saint-Louis, reposent dans ce lieu.

Le monument suivant, magnifique pyramide hexagone en marbre de Boulogne, est élevé sur l'emplacement destiné à la sépulture de la famille *Pillon de Ribaucourt*, ancien négociant de cette ville. Cette pyramide est en tout semblable à celle dont nous avons parlé à l'occasion de la sépulture Barbier-Lequien, située dans la plaine F. Comme celle-là, elle a été exécutée, sur le plan de M. Herbaut, dans les ateliers de M. Gaudy, de Boulogne. Famille PILLON DE RIBAUCOURT.

Immédiatement après vient le monument de la fa-

Famille Choquet-Mollet.

mille *Choquet-Mollet* dont le nom est sculpté en relief sur la frise. Il est de forme moderne et en pierre de Senlis. Trois plaques en beau marbre blanc veiné d'Italie sont appliquées sur la face principale. Sur l'une de ces tables est gravée l'épitaphe suivante :

« Ici
Repose le corps de M. Alexandre
Choquet,
Négociant, décédé le 19 novembre 1844,
à l'âge de 71 ans 3 mois,
Et de dame Marie-Marguerite-
Félicité Mollet, son épouse,
décédée le 14 février 1846,
à l'âge de 62 ans et 10 mois. »

Le fronton du monument est surmonté d'une croix romaine, et dans le tympan du fronton est sculpté un clepsydre ailé entre deux flambeaux à demi-renversés, le tout entrelacé de feuilles de lierre.

Au premier plan, à droite et à gauche, sous forme de monument dans le goût égyptien, se trouve l'entrée du caveau que ferme une porte à persienne. Le plan et la construction sont de M. Lefebvre fils, la sculpture de M. Lavigne, ouvrier de MM. Duthoit.

Les deuxième et troisième sépultures en continuant sont celle de M. *François-Michel*, baron de *Latapie de Ligonie*, décédé le 26 juin 1843 à l'âge de 74 ans, qu'une pierre horizontale recouvre, et celle de la famille *Bionval*. Sur un cippe égyptien en marbre blanc veiné on lit l'épitaphe de M. de *Bionval, Marie-Martin Mengin*, ancien employé supérieur de la recette-générale, décédé le 12 mai 1843, âgé de 64 ans. Tout près est un piédestal en marbre semblable à celui du cippe, indiquant la tombe de Mlle *Salomon-Marie-Joséphine-Mina Mengin de Bionval*, fille du précédent, décédée le 31 janvier 1842, à l'âge de 18 ans. Sépultures de M. le baron de Latapie et de M. de Bionval.

Chacune de ces sépultures est enceinte d'une grille de fer et n'offre rien de particulier.

Nous nous arrêtons devant une borne antique en pierre de Senlis, qui joint presque la sépulture de M. de Bionval, et nous admirons à l'élévation supérieure de ce simple monument, destiné à perpétuer le souvenir de la famille *Lorel aîné*, un bouquet de roses et de tulipes sculptées dans un médaillon, et sur lequel s'arrête, avec un charme indicible, l'œil du promeneur. On ne peut se lasser, en effet, de contempler la fraîcheur et l'épanouissement de ces fleurs, artistement groupées, dont on voudrait, tout en regrettant de ne le pouvoir, respirer le parfum qui semble devoir s'en exhaler. L'exécution de ce médaillon est de M. Champion, sculpteur, actuellement à Arras. Sur le premier plan s'élève une colonne qui n'offre rien de remarquable. Le fût est couvert d'inscriptions Famille Lorel.

indiquant les noms et qualités des personnes inhumées dans cette sépulture.

<small>Sépulture des Familles FOURNIER-VASSEUR et WARMEL-FOURNIER.</small>

La suivante est celle des familles *Fournier-Vasseur et Warmel-Fournier*. Le monument se compose d'un cippe terminé en gothique, établi sur parpaing. Il est divisé en 2 compartiments par une torche renversée, et sur chacun d'eux est gravé le nom de la famille à laquelle il est affecté. Une croix, qu'encadrent deux palmettes et supporte une attique à rosaces, termine ce monument. A sa base sont gravées plusieurs inscriptions en caractères gothiques. Il a été construit par M. Polart-Vast. Deux plates-bandes ornent de chaque côté cette sépulture où reposent plusieurs membres des deux familles.

<small>Famille DECAGNY-CHEVALIER.</small>

A la suite se présente la sépulture de la famille *Decagny-Chevalier,* marchands de nouveautés de cette ville. Le monument est de forme moderne, le fronton est surmonté d'une croix, et trois plaques en marbre noir, appliquées sur la façade, attendent leurs funèbres inscriptions. La table de droite porte les noms de deux enfants qui ne firent un pas dans la vie que pour se hâter de l'abandonner et de rentrer dans l'éternité, qu'ils ne semblent avoir quittée que pour faire naître des regrets sur la terre.

Ce monument, qu'entoure une grille en fer supportée par un mur d'appui, est de M. Leroy-Caussin.

En continuant notre visite, nous rencontrons im- *Familles* médiatement après la dernière sépulture, celle des DARRAS-DU-familles *Darras-Duchatel* et *Descavé-Darras*. Le mo- et DESCAVÉ-nument est de forme moderne. Sur la frise sont gra- DARRAS. vés en creux les noms des deux familles. Quatre tables de marbre noir sont destinées aux inscriptions. Deux urnes sont placées sur les attiques des pilastres; le fronton est formé par deux consoles en volutes, ornées chacune d'une branche de lierre; au milieu, une palmette en forme de piédestal supporte une croix en marbre noir. Plusieurs membres des deux familles sont inhumés dans cette sépulture. Le monument est de M. Salé.

Nous visitons, tout à côté, la sépulture de la fa- *Famille* mille *Darras-Villomont*. Le monument est de forme DARRAS-VILLOMONT. moderne et fort simple, il est surmonté d'une croix. Le nom de la famille est gravé en relief sur la frise et dans le tympan du fronton. M. *Joseph Villomont*, ancien fabricant, décédé le 20 novembre 1843, âgé de 77 ans, y est inhumé. La construction du monument a été exécutée par M. Brare-Saineville.

La sépulture de la famille *Véru*, qui vient après *Famille* la précédente, offre une espèce de pyramide mé- VÉRU. plate surmontée d'une urne cinéraire. Une table de marbre noir couvre une partie de la face principale. On doit regretter que ce marbre ne s'en-

7.

cadre pas de manière à couvrir entièrement le fût de la pyramide, cela eût été plus conforme au bon goût et aux principes de l'art. Une grille en fer, supportée par un mur d'appui et des bornes en pierre, entoure cette sépulture où repose Mme *Véru*, née *Elisabeth-Thérèse Liévin.*

Famille Spineux.

La quatrième en suivant est la sépulture de la famille *Spineux*. Le monument, exécuté sur les plans de M. Marest, architecte, est de forme moderne, surmonté d'une croix en marbre noir. Dans le tympan du fronton sont sculptés un clepsydre ailé et deux torches renversées qu'entrelacent des feuilles de lierre. Sur la frise est gravé en relief le nom de la famille. Trois tables en marbre noir, placées dans des encadrements en pierre, ornent la face principale; l'inscription, tracée en caractères dorés, apprend au visiteur que M. Spineux, Albert-Joseph, chevalier de la Légion-d'Honneur, membre de l'académie, président du comice agricole, et membre de la chambre de commerce, décédé le 18 mars 1846, à l'âge de 50 ans, repose en ces lieux.

La sculpture est de M. Bourquin, l'exécution, de M. Salé.

M. Spineux a les plus beaux titres à la reconnaissance et aux souvenirs des habitants d'Amiens, auxquels il a rendu, par ses lumières, d'éclatants services. Sa vie, semblable au rayon du soleil qui vivifie et réchauffe ce qu'il caresse sur son passage, a laissé un long sillon de lumière et de civilisation parmi les agriculteurs dont, le plus souvent, chacun exalte les mérites et s'en constitue le protecteur, tout en les traitant, en général, comme les véritables parias de l'industrie.

Ses obsèques ont réuni l'élite des citoyens de la ville et les diverses compagnies auxquelles il appartenait. Trois discours ont été prononcés sur sa tombe : M. Despréaux, pour le Comice, a parlé du cultivateur ; M. Duroyer, pour l'Académie, a prononcé un discours empreint d'une véritable sensibilité et qui a fait une vive impression sur l'assemblée ; enfin, la Chambre de commerce a trouvé un digne organe dans M. Daveluy.

Nous allons reproduire ces discours afin de mieux faire connaître, et les services rendus par M. Spineux, et la perte qu'a faite le pays en la personne de ce citoyen.

« **Messieurs**, a dit **M.** Despréaux, à l'aspect de l'élite du
» pays tristement assemblée autour d'un cercueil, un étran-
» ger comprendrait que le pays a fait une grande perte. Le
» comice d'Amiens, particulièrement, doit ressentir l'im-
» mensité de la sienne dans la personne de **M.** Spineux
» aîné, que, il y a deux mois à peine, il appelait à pré-
» sider à ses travaux. C'est qu'en agriculture, notre ex-
» cellent collègue était un homme pratique de conseil et
» d'action, amenant parmi nous le progrès qu'il poursuivait

» sans relâche. fils d'un cultivateur du voisinage d'Arras,
» cette contrée des bonnes méthodes, M. Spineux, après
» avoir couru les chances du commerce, fixa pour ainsi
» dire son drapeau agicole à Marcelcave, canton de Corbie,
» il y a 20 ans. Là, sa marche de culture, ses instruments,
» ses belles récoltes oléagineuses, ses sarclages inconnus au-
» tour de lui, étonnent comme innovation hardie; c'est une
» révolution sur un sol déjà favorisé du ciel, et d'où il semble
» arracher le trésor caché de la fable. La suppression de la
» jachère, la productionen grand de la betterave, engendrent
» là, devant les incrédules, le premier établissement de fa-
» brique de sucre indigène, que l'on accueillait alors avec
» empressement, comme un de ces moyens d'enrichir la
» France d'un produit alimentaire devenu un besoin essentiel
» du peuple, et de suppléer à l'insuffisance des produits si-
» miliaires d'un autre hémisphère. Cet exemple, importa-
» tion du nord, fut bientôt suivi dans le département, et
» offrit la solution d'un grand problème social, de la réunion,
» dans nos campagnes, de l'exploitation agricole et de l'en-
» treprise industrielle, pouvant ainsi présenter, dans tous
» les temps, outre l'amélioration des bestiaux, du travail, et
» par conséquent du pain et la moralité à une population
» ouvrière. Et lorsqu'il y a quelques années l'industrie su-
» crière, autrefois encouragée, était menacée des entra-
» ves fiscales, on vit M. Spineux, restant des derniers parmi
» tant de notables champions, dans une lutte, hélas! fu-
» neste, où il perdit une partie de ses forces physiques, non
» sans gloire, mais sans succès.

» Les connaissances élevées, agronomiques, de M. Spi-
» neux, le firent bientôt entrer à l'académie d'Amiens. Cette
» société ayant mis pendant plusieurs années au concours
» la rédaction d'un mémoire sur l'agriculture pratique,
» M. Spineux, désespéré de l'insuccès des concurrents, se

» met lui-même à cette tâche, et compose le manuel qui
» donne aux cultivateurs le secret de sa réussite. On peut
» dire qu'il a prêché le progrès agricole par la parole et
» l'exemple ; et, dans un pays d'armoiries, il aurait pu pren-
» dre pour devise : *Consilio manuque*.

» Membre actif, un des premiers fondateurs du Comice,
» il en fut presque toujours le secrétaire, auxiliaire puissant
» d'un président dévoué, qui, témoin de ses méthodes de
» culture et de sa conviction, travaillait comme lui au pro-
» grès, à l'amélioratien de l'œuvre. Sentinelle vigilante, il
« signale avant son apparition le danger qui doit résulter
» pour l'agriculture de tels règlements provoqués par des
» industries rivales. Aussi une véritable représentation des
» intérêts agricoles, la constitution légale des comices et
» des chambres consultatives, a toujours été un de ses points
» de mire et de combat. Exécutons de toutes nos forces ce
» testament politique.

» Dans nos conférences, aménité de manières, indulgence
» pour les moins habiles, modération, clarté, dignité : voilà
» ce qui le distingue. Son but, c'est le bien, le progrès ; ses
» moyens, la persévérance ; son éloquence, le bon sens.

» Les améliorations certaines qui lui sont dues rappellent
» que le grand Frédéric, qui s'occupait tant de l'agriculture,
» disait qu'il préférait aux plus grands génies qui font un
» livre, l'homme qui ferait croître dans son royaume quel-
» ques épis de blé de plus. Suivant son expression, il aurait
» trouvé plus que *son homme* dans M. Spineux.

» Le gouvernement, qui s'honore en allant au devant du
» mérite, ne pouvait pas ignorer l'homme éminemment utile,
» j'allais dire le bienfaiteur de notre département ; aussi,
« lorsque l'insigne qui témoigne ordinairement de services
» distingués rendus au pays, et appréciés de tous, brilla sur

» sa poitrine, l'envie elle-même ne trouva pas un murmure ;
» et M. Spineux, toujours modeste, admit le Comice au
» partage de cet honneur, parce que c'est là qu'il avait
» cueilli ce laurier sans tache. Là il l'offrait à la jeunesse
» comme récompense dans la carrière agricole, qui, pour
» être pénible, n'est pas sans charme ni sans bonheur ; car-
» rière sur laquelle le gouvernement sème quelquefois les
» encouragements et les distinctions, qui, certes, ne sont
» pas prodigués à l'agriculture.

» Avec ses connaissances pratiques, inséparables de l'é-
» conomie politique, la place de M. Spineux était marquée
» à la Chambre de commerce d'Amiens ; il en faisait partie.
» Vous entendrez les vifs regrets de cette institution supé-
» rieure.

» Un homme de bien, un citoyen consacrant toutes ses
» facultés au service de sa patrie, pouvait-il n'avoir pas un
» cœur aimant, marqué au coin de la bonté religieuse pour
» ses semblables ?...... Je voudrais pouvoir parler de sa vie
» privée, de cet aspect de bonheur domestique ; le montrer
» livré, entre une épouse éclairée et vertueuse et de jeunes
» enfants, à l'abandon d'un cœur paternel ; mais si les en-
» fants ont à peine connu leur père, l'estime de ses conci-
» toyens et de ses amis leur en conservera le précieux sou-
» venir.

» Pourquoi faut-il que l'homme utile, le citoyen, le père
» de famille, nous soit si cruellement enlevé au milieu de sa
» carrière de dévouement et de bienfaits, dans la maturité
» de l'expérience et des conseils qui promettaient encore
» tant de fruits ?..... Inclinons-nous devant un décret im-
» pénétrable...... Puisse-t-il trouver ailleurs la récompense
» du juste qui a fait le bien sur la terre !.... Spineux, re-
» cevez nos amers et sincères regrets, le dernier hommage

» de vos collègues ; ils conserveront votre mémoire, et le
» hameau redira long-temps votre nom, »

M. Duroyer, Maire d'Amiens et secrétaire perpétuel de l'Académie, s'exprime en ces termes :

« Messieurs,

» Il y a quelques heures à peine, je croyais encore que
» l'Académie aurait pour la représenter dans la triste céré-
» monie qui nous rassemble, un éloquent interprète de sa
» douleur, j'espérais que M. Spineux recevrait ici un hom-
» mage digne de lui : pourquoi faut-il que l'absence des
» deux chefs de la compagnie ait fait peser sur moi le difficile
» honneur de parler en son nom, de retracer une page de
» l'histoire du collègue que nous pleurons, d'exprimer enfin
» les regrets que sa perte nous a fait éprouver. Pris au dé-
» pourvu, privé de renseignements précis sur les études,
» sur les travaux, sur les phases diverses de la vie de M.
» Spineux, n'ayant pour ainsi dire connu en lui que l'acadé-
» micien, c'est de l'académicien seul que je vais vous entre-
» tenir quelques instants. Admis il y a neuf ans dans le sein
» de l'Académie, M. Spineux a toujours fait preuve de cette
» activité intellectuelle, de cette sagacité qui le caractéri-
» saient si éminemment. Convaincu que l'industrie agricole
« qui emploie vingt millions d'ouvriers, doit tenir en France le
» premier rang, c'est à elle, c'est à sa prospérité qu'il consacra
» tout son temps, tout ses efforts. Vous redirai-je ces mémoi-
» res dans lesquels il traitait avec tant de verve les questions
» les plus ardues, les plus vivaces de l'économie politique ?
» Vous rappellerai-je ce manuel d'agriculture, où il a ras-
» semblé tout ce que de profondes études, une longue ex-

» périence lui avaient enseigné de bonnes méthodes ap-
» plicables aux cultures variées de notre département. Il
» n'est aucune des publications de l'Académie qui ne con-
» tienne de M. Spineux quelque mémoire où la facilité, où
» l'élégante simplicité du style ne le disputent à l'impor-
» tance du sujet traité. Qui de nous oubliera désormais
» l'attention soutenue, le plaisir même avec lequel nous
» l'écoutions il y a aujourd'hui trois semaines, lorsqu'avec
» son talent ordinaire, sous la forme du dialogue qu'il
» affectionnait tant, il développait devant nous le nou-
» veau système commercial qui agite en ce moment tout un
» pays voisin, et cherchait à prévoir les conséquences qui
» naîtraient de l'introduction en France de ce système? Qui
» de nous oubliera les applaudissements unanimes et si
» biens mérité qui remercièrent M. Spineux de son conscien-
» cieux, de son patriotique travail? Et c'était pour lui le
» chant du cygne, et quelques jours plus tard cette haute
» intelligence allait s'éteindre; ces facultés, si actives, si
» puissantes, devaient s'anéantir; cette constitution en ap-
» parence si robuste, qui semblait promettre à lui-même un
» long avenir, à ses enfants un appui tutélaire pendant de lon-
» gues années, à son pays de nouveaux et signalés services,
» un rien l'a brisée, et il n'en reste qu'une cendre froide et
» inanimée. A l'aspect de cette tombe si subitement ouverte,
» comment se défendre de douloureuses pensées sur le néant
» de notre existence; comment ne pas demeurer confondu
» devant les impénétrables décrets de la providence? Et
» vous, famille désolée, pleurez, nous concevons votre af-
» fliction, nous la partageons; vous avez fait une grande
» perte. Cette foule qui se pressait tout-à-l'heure dans le
» lieu saint, ces amis nombreux, ces corps qui accompa-
» gnent la dépouille mortelle de M. Spineux jusque dans ce
» séjour de deuil tout vous révèle que vous avez fait une

» perte irréparable. Ce sont surtout ses jeunes enfants qui la
» sentiront, eux que leur père a laissés sur le seuil de la vie,
» au moment où sa main devait si sûrement les guider dans
» la carrière. Ce que la volonté de Dieu ne lui a pas permis
» d'accomplir, son souvenir le fera : ce souvenir leur dira ce
» qu'il faut de travaux, de persévérance pour surmonter les
» obstacles, pour se créer une honorable position dans le
» monde ; il leur dira comment on obtient l'estime, l'affection
» et la reconnaissance de ses concitoyens ; par quels servi-
» ces on arrive à conquérir le signe de l'honneur qui brillait
» sur sa noble poitrine. Que ses jeunes enfants prennent leur
» père pour modèle, qu'ils l'imitent fidèlement et qu'ils mé-
» ritent un jour d'être aimés et honorés comme lui. Et vous,
» excellent Spineux, collègue vivement, sincèrement re-
» gretté, l'Académie vous dit un dernier adieu.

Enfin, M. Daveluy, président de la Chambre de commerce, a pris la parole, et a rendu l'hommage suivant à M. Spineux :

« Messieurs,

» Il ne m'appartenait pas d'élever la voix dans cette im-
» posante et lugubre cérémonie, une bouche plus digne de-
» vait déplorer la perte que la Chambre de commerce a faite
» dans la personne de M. Spineux. Le président-né de cette
» compagnie, M. le Préfet, retenu chez lui par une indis-
» position assez sérieuse, m'a chargé d'exprimer en son
» nom, à cette honorable assistance, combien il regrettait
» de ne pouvoir rendre lui-même, dans cette circonstance,
» un hommage public à la haute intelligence, aux lumières
» d'un homme qui honorait le département, qui, comme in-

» dustriel et comme agriculteur, a rendu des services dont le
» souvenir ne s'éteindra pas, et dont les vertus privées mé-
» ritaient et lui avaient conquis l'estime générale.

» C'est ce double titre d'agriculteur et de commerçant qui
» avait marqué la place de M. Spineux à la Chambre de
» commerce d'Amiens et l'avait fait appeler dans son sein ;
» elle avait été heureuse, en effet, de trouver en lui un
» homme qui réunissait, à des vues saines sur le commerce
» général, des connaissances très-étendues sur toutes les
» industries agricoles. Elles sont bien précieuses, Messieurs,
» ces capacités d'élite qui peuvent élever leur vue et regar-
» der de haut ce conflit parfois si ardent des intérêts du
» commerce et de l'agriculture, et reconnaître, au milieu
» de l'opposition apparente qui semble les diviser et les pré-
» senter comme hostiles, le lien secret qui au fond les unit
» et les rend solidaires les unes des autres. C'est ce qu'à rai-
» son de ses études toutes particulières faisait admirablement
» M. Spineux, c'est en même temps ce qui nous rendait son
» concours utile ; c'est ce qui faisait de lui comme un membre
» obligé de la Chambre de commerce. Tous ses collègues se
» rappellent avec quelle netteté il abordait les questions les
» plus complexes, comme il savait les dégager de ce qu'elles
» renfermaient de superflu, pour les réduire à ce qu'elles
» avaient de positif, et concilier ainsi ce qui, quelquefois,
» paraissait inconciliable. A ces rares qualités de l'esprit, il
» joignait un tact parfait qui lui faisait partout observer les
» convenances ; des formes en même temps simples et polies
» qui prévenaient toujours en sa faveur, qui faisaient désirer,
» quand on l'avait vu, de le connaître davantage, et de tous
» ses collègues, lui avaient formé autant d'amis.

» Tous ces avantages, Messieurs, vous les avez connus,
» vous les avez appréciés dans le secret de nos délibérations,
» et nous devons les faire ici publiquement connaître ; ils ne

— 155 —

» sont plus pour nous, à la vérité, aujourd'hui, qu'un sou-
» venir; mais la mémoire de l'homme en qui nous les trou-
» vions réunis ne saurait périr dans nos cœurs, elle y restera
» profondément gravée, elle y vivra, pour nous servir de
» type et de modèle.

» M. Spineux est heureux sans doute, Messieurs, d'avoir
» possédé tant de vertus sociales; mais nous l'estimons bien
» plus heureux encore, si, leur ayant donné un fondement
» solide dans des sentiments vraiment chrétiens, il a laissé
» à sa famille et à ses amis, pour adoucissement à leur dou-
» leur, la confiance qu'il a obtenu, dans un monde meilleur,
» une vie plus durable et surtout bien plus précieuse pour lui
» que celle qu'il est assuré de trouver dans nos souvenirs et
» dans nos cœurs. »

Famille Dubois-Porion.

Nous poursuivons notre promenade jusqu'à la pyramide quadrangulaire érigée à la mémoire de la famille *Dubois-Porion*. A l'élévation supérieure du fût de ce monument sont sculptées, sur la face principale, deux branches d'olivier formant une couronne, au milieu de laquelle est gravé le chiffre A. D. La pyramide est surmontée par un piédestal dont chaque face offre une table en marbre noir destinée à recevoir les inscriptions mortuaires. On lit sur l'un des côtés latéraux les noms de M. Charles-Alexandre-Joseph Dubois, décédé le 12 octobre 1836, âgé de 59 ans, et de dame Geneviève-Amable-Louise-Séraphine Demeigneux, veuve de M. Joseph Gacquer, décédée le 14 mars 1839, à l'âge de 85 ans. Le monument est de M. Lefebvre-Facquet.

Famille Frennelet.

Une colonne en pierre, de petite dimension, nous indique la dernière demeure de M. *François-Thomas Frennelet*, ancien chef de bureau à la Préfecture de la Somme et ancien militaire : son épouse, **Geneviève Degove**, et leur fils, sont réunis à lui.

Famille Brajeux.

La seconde sépulture nous offre un monument tout à fait indentique à celui de M. Spineux ; le plan est du même architecte. La sculpture est de MM. Duthoit ; et, on doit le dire, abstraction faite de toute prévention, l'exécution est préférable à celle de M. Bourquin ; le dessin se détache mieux, il y a plus de moelleux dans le coup de ciseau, en un mot, on retrouve la touche du maître, bien que cette ornementation soit le commun du genre. Cependant M. Bourquin mérite des éloges ; il est à son début, et un semblable début promet une belle carrière artistique.

Sous ce monument repose M. *Brajeux, Jean-Baptiste-André-Avelin,* ancien notaire, décédé le 28 octobre 1843, âgé de 53 ans, et sa fille, *Henriette-Pauline,* décédée le 20 février 1831. Quatre thuyas sont plantés dans l'enceinte qu'entoure une grille en fer.

Sépulture de M. Tournière.

L'âme contristée par une double idée de l'instabilité des choses d'ici-bas et de l'éternité, abandonne toute préoccupation matérielle devant la tombe de la famille *Tournière*, qui joint celle de M. Brajeux...... Une ruine et un tombeau de famille! n'est-ce pas plus que nous n'en pourrions dire sur les revers écrasants de cette famille, naguère encore, opulente, considérée, aujourd'hui anéantie, n'ayant pas même l'espoir de reposer dans ce caveau, recouvert d'asphalte, construit à grand frais expressément pour elle, et décoré par les mains d'artistes estimés.

Nous ne devons ni ne voulons faire la biographie de M. Tournière, ancien notaire de cette ville dont il commanda la garde nationale, en qualité de colonel, pendant plusieurs années. Pour nous, volontaires ou imprévus, tous les malheurs ont droit à notre pitié, et à la pitié la plus compatissante.

La première femme de M. Tournière fut inhumée dans cette sépulture; depuis, elle en a été exhumée pour être réunie à d'autres membres de sa famille, à Péronne.

Un fort beau tronçon de colonne en marbre noir qu'entoure, à l'élévation supérieure, une gracieuse couronne composée de roses, de reines-marguerites, de fleurs de pavots et de feuilles de lierre, s'élevait sur cet emplacement. Un ange pleureur en beau marbre blanc, qu'on regrette de ne plus revoir, M. Deforceville en ayant fait l'acquisition, surmontait cette colonne. Il n'est plus donné maintenant qu'aux amis de l'artiste que nous venons de nommer d'admirer ce chef-d'œuvre, qu'il a placé dans son jardin. Des ifs, cultivés avec soin, essayaient leur douteux avenir dans cette terre étonnée de les recevoir (*); et plus d'un passant, malheureux ici-bas où il ne peut quelquefois pas trouver un asile pour reposer ses membres engourdis par le froid ou fatigués par de durs travaux, enviait le repos de cette tombe!..... Seule, entre toutes celles de la Madeleine, elle ne doit peut-être plus se rouvrir, et celui à qui elle fut destinée n'en trouvera-t-il qu'une condamnée à l'oubli en se refermant sur lui.

La colonne dont nous venons de parler a été transportée dans l'enceinte qui sert de sépulture à la famille de M. Marest. La sculpture de la couronne est d'une rare perfection et digne de ses auteurs, MM. Duthoit.

Famille Marest.

A la suite, on rencontre la sépulture de la famille *Marest*, architecte de cette ville. La colonne de la tombe de M. Tournière et quelques autres monuments attirent l'attention, sans que cependant ces derniers n'offrent rien de précisément remarquable. Plusieurs membres de diverses familles, unies par des alliances, reposent en ce lieu, notamment des parents de M. Vimeux, sculpteur célèbre de cette ville, et son épouse.

Dans l'enfoncement à la suite, environnée d'une

(*) On sait que l'if n'a jamais pu être cultivé à la Madeleine, du-moins facilement.

grille en fer, on remarque une pierre horisontale supportée par un soubassement en briques. C'est la tombe de M. *Jean-Baptiste-Etienne, comte de l'Estang,* capitaine de vaisseau de la marine royale, chevalier de l'ordre royal et militaire de Saint-Louis, décédé le 1.er avril 1817, âgé de 78 ans.

Tombe de M. de l'Estang.

Les armes de la famille sont gravées au-dessous de son épitaphe. Elle porte : écartelé : au premier chef d'azur, un chevron d'or; au deuxième, d'azur à trois trèfles, 2 et 1 ; au troisième, trois losanges, 2 et 1 ; au quatrième, trois hures de sanglier, 2 et 1 ; sur le tout sept losanges, 4 et 3, avec cette devise : *Multis ille bonis flebilis occidit.*

Il fut inhumé primitivement au cimetière du Blamont d'où on l'exhuma, le 30 décembre 1833, pour le déposer dans la tombe qui nous occupe actuellement.

La famille et la vie de M. le comte de l'Estang sont peu connues dans cette ville. Originaire de la Bretagne, il fut destiné par son père, ainsi que ses deux frères, au service de la marine royale. Ces deux derniers moururent fort jeunes. M. le comte de l'Estang se distingua de bonne heure dans la carrière qu'il embrassa, aussi fut-il décoré à l'âge de 18 ans de la croix de Saint-Louis. Sans pouvoir indiquer les combats auxquels il a assisté, nous savons qu'il a été prisonnier en Angleterre pendant plusieurs années.

Son corps fut sillonné par onze blessures, à la suite desquelles il fut obligé de quitter le service, ne pouvant plus marcher qu'à l'aide de béquilles dont il se servit pendant les sept dernières années de sa vie. Ayant habité une dizaine d'années à Saint-Quentin, il vint se fixer à Amiens, et y recueillit la sucession de M. de Romainville, major de la ville, qui était son bel-oncle. Pendant les quinze années qu'il passa à Amiens, il s'occupa beaucoup de mathématiques, science qu'il possédait et pratiquait d'une manière remarquable.

La tombe précédente terminant la ligne que nous venons de visiter, nous allons explorer le côté opposé où nous ne rencontrerons qu'une petite quantité de monuments, tous cachés, à l'exception des deux premiers, par un rideau de jeunes charmilles arrangés en espaliers.

Famille FAGARD.

Le premier monument en remontant est celui de la famille *Fagard*, commissionnaire de roulage en cette ville. Il se compose d'une colonne en pierre, surmontée d'une urne cinéraire également en pierre. Sur le fût de la colonne sont gravées les inscriptions mortuaires de M. *Jean-Baptiste-Nicolas Fagart*, décédé le 24 octobre 1843, âgé de 65 ans; de *Marie-Madeleine-Félicité Merlin*, épouse du précédent, décédée le 21 août 1831, âgée de 78 ans, et de deux de leurs enfants. Un saule-pleureur, planté à gauche de cette colonne, l'ombrage de ses rameaux ondoyants. Des rosiers, des arbustes groupés et des plantations de buis ornent le sol de cette sépulture qu'environne une barrière en bois.

Un cippe de forme égyptienne vient à la suite et s'élève sur l'emplacement affecté à la sépulture de la famille *Leroy-Pauchet*, faïenciers en cette ville. Une fort belle couronne de fleurs en marbre blanc, sculptée par MM. Duthoit frères, décore l'élévation supérieure de la face principale et entoure une petite croix de semblable marbre ; deux flambeaux renversés longent ce monument de chaque côté et à l'élévation postérieure, où sont appliquées, au milieu, cinq tablettes en marbre, échelonnées les unes sur les autres. L'une d'elle porte l'inscription de Mme *Leroy,* née *Victoire Mauclair,* âgée de 69 ans, décédée le 8 février 1830. Quelques thuyas croissent à l'entour de ce cippe, construit par M. Plichon.

Famille Leroy- Pauchet.

La première tombe que nous rencontrons après la précédente est celle de M. *Louis-César-Alexandre Beausse,* ancien officier supérieur de cavalerie, officier de la Légion-d'Honneur et chevalier de St.-Louis, lieutenant-colonel de la garde nationale d'Amiens, décédé le 27 mars 1845, à l'âge de 76 ans. En tête de cette inscription, gravée sur une fort belle pierre de

Tombe de M. Beausse.

marbre placée horizontalement, on lit cette dédicace :

La garde nationale d'Amiens
à son lieutenant-colonel.

Les croix des deux ordres dont il était décoré sont gravées sur ce marbre ainsi qu'un sabre de cavalerie et un casque groupés en forme de trophée. Caractères et attributs sont dorés et ont été exécutés par M. Pigou, demeurant rue Gresset. Le marbre sort des ateliers de M. Deventer, marbrier de cette ville. La municipalité a fait don de l'emplacement, et la garde nationale a ouvert une souscription pour faire face aux frais de l'érection du monument.

M. Beausse était l'un des plus dignes officiers de cette grande armée qui porta si haut et si loin la gloire du nom français. Il est né à Béthune en 1768. Son père était militaire, et le bruit des armes fut le premier qui retentit à ses oreilles. Il ne démentit ni son origine, ni sa vocation qui, comme un instinct naturel, le retenaient sous les drapeaux. Simple dragon en 1784, il fit toutes les campagnes de la Révolution et de l'Empire et passa par tous les grades. Capitaine en l'an X, il fut nommé chef d'escadron en 1809. Il reçut, en l'an XII, au camp de Boulogne, et des mains de Napoléon, l'une de ces premières croix de la Légion-d'Honneur que l'on payait alors de son sang. Elle fut le prix de sa belle conduite à l'armée du Rhin, où à la tête de vingt-cinq dragons du 4.ᵉ il avait enlevé tous les bagages du corps d'armée du général Fralich. L'affaire de Médina-Cœli, en Espagne, lui valut le grade d'officier de la Légion-d'Honneur. A Eylau, il eut un cheval tué sous lui et fut blessé d'un coup de feu.

Rentré en France avec l'armée d'Espagne en 1813, il fut des derniers qui luttèrent contre l'Europe coalisée, et ne déposa les armes que quand il eût la triste conviction que la patrie ne réclamait plus ses services.

Aussi désintéressé que brave, toujours prêt pour le péril et insouciant pour la fortune, M. Beausse ne rapporta de ses campagnes que la gloire qu'il avait acquise.

Honoré de ses concitoyens, deux fois depuis 1830 il dût à leur estime d'être appelé aux grades supérieurs de la garde nationale; d'abord comme chef de bataillon, et enfin comme lieutenant-colonel.

Dans sa vie privée, M. Beausse joignait à la franchise du soldat la candeur et la simplicité des mœurs patriarcales. Bon et obligeant, d'une probité austère, il était doué d'un de ces rares caractères qui semblent faits pour répandre autour d'eux la sérénité et le bonheur. Rempli de bienveillance pour tous, il était environné de l'affection et de l'estime générale. Tous ceux qui le connaissaient auraient voulu l'avoir pour ami. Ceux à qui ce titre précieux était réservé savent seuls l'immense perte qu'ils ont faite.

Ses obsèques réunirent, indépendamment de la garde nationale tout entière qui l'accompagna jusqu'à sa dernière demeure, les autorités de la ville et l'élite des citoyens. Avant qu'on ne recouvrit sa dépouille mortelle, M. Renard-Dorville, colonel de la garde nationale, a prononcé un discours duquel nous extrayons le passage suivant :

« Rentré dans ses foyers, Beausse se livra tout entier à
» l'accomplissement des devoirs de sa nouvelle position.
» Ceux d'entre nous qui ont pu apprécier les excellentes
» qualités de l'époux, du père, le dévouement de l'ami ; qui
» ont pu voir l'homme à découvert, pleurent aujourd'hui
» un ami sincère et un homme de bien. Mais ces soins de
» famille n'avaient point altéré chez Beausse l'amour du
» pays ; quand il vit reparaître le drapeau de sa jeunesse,
« quand il vit la France entière s'armer et se grouper comme
» un seul homme, Beausse vint y prendre sa place ; nommé
» chef de bataillon en 1830, lieutenant-colonel en 1834, il
» se fit toujours remarquer par son zèle, son esprit de con-
» ciliation, son amour du bien public ; il s'était attaché à
» la garde nationale, aimait cette institution, en compre-
» nait toute l'importance, et ses concitoyens, ses camarades
» étaient heureux de voir ce vieux soldat dans leurs rangs ;
» nous l'aimions tous ; aussi, à chaque élection avait-il
» pour lui l'unanimité des suffrages. Qand il s'agissait de
» Beausse, tout esprit de parti, toute division disparaissait,
» et maintenant qu'il faut lui dire le dernier adieu, je cher-

» che encore, par mes paroles, à prolonger l'instant de notre
» séparation. »

« Adieu Beausse, vas recevoir dans l'autre vie la récom-
» pense que Dieu réserve à tous ceux qui ont dévoué leur
» existence au service de leur patrie. »

Nous n'ajouterons rien à ces paroles, d'autant plus éloquentes qu'elles partent du cœur.

Le monument de la famille *Ledieu* s'élève majes- Famille
LEDIEU.
tueusement en forme de portique de temple sur l'emplacement, d'une vaste étendue, affecté à cette famille. Deux colonnes en pierre, d'ordre ionique, supportées par un stylobate et couronnées par des chapitaux ornés de sculptures, forment l'avant corps de ce monument, sur la façade duquel est encadrée une table en marbre noir d'une grande dimension. Le chapiteau, assis sur l'entablement, est formé par deux consoles en volutes et surmonté d'une croix romaine autour de laquelle est sculpté un chapelet.

Ce monument, construit par M. Leroy-Digeon, sur les plans de M. Marest, architecte, sculptures de MM. Duthoit, est d'un style grandiose ; on le prendrait plutôt pour l'entrée d'un céleste palais, habité par une divinité, que pour l'asile mortuaire où iront se rejoindre un à un tous les membres d'une famille qui laissera de précieux souvenirs dans la cité.

Sur la table de marbre dont nous avons parlé on lit l'inscription suivante :

« Jean-Baptiste-Alexandre
Ledieu,
Négociant, ancien membre du conseil de l'arrondissement,
Conseiller municipal,
Vice-Président de la Société des antiquaires de Picardie,
décédé à Amiens, le 11 août 1842, âgé de 68 ans. »

M. Ledieu succomba à une longue et douloureuse maladie. Sa mort priva les compagnies dont il était membre, d'un homme instruit et dévoué. Sa perte fut surtout sensible à la science à laquelle il a consacré, pendant toute sa vie, ses moments de loisir. Ses profondes études dans l'antiquité lui procurèrent les précieuses connaissances qu'il communiqua au public dans divers écrits, et il enrichit notre Bibliothèque et nos Musées d'un grand nombre d'objets très-intéressants. On sait que c'est à lui que l'on doit le rétablissement, dans notre église cathédrale, des tableaux en marbre relatifs à une confrérie en partie religieuse, en partie littéraire. Il les fit rétablir à ses frais.

A gauche du monument, nous remarquons un tronçon de colonne en marbre blanc veiné d'Italie, colonne qu'on dirait brisée par le milieu. Est-ce un symbole de la destruction qu'on a voulu figurer ? nous le pensons.

Le soubassement est en marbre noir, et le socle en marbre blanc. Le travail en est fort beau ; cependant nous ne pensons pas qu'il eût été impossible à nos marbriers de faire aussi bien ; toujours est-il qu'elle provient des ateliers de M. Duriez, marbrier, demeurant à Paris, près du Père Lachaise.

Sur le fût de la colonne on lit l'inscription suivante en caractères dorés :

« Ici repose
Eugénie COSSERAT,
épouse
de M. Alfred Pimont, de Rouen,
née le 2 avril
1825,
décédée le 17 août
1843.
Sa vie fut celle d'un ange. »

Sur la face principale du socle est gravée cette dédicace :

« Souvenir d'un époux. »

Nous aurions préféré un monument plus gracieux, plus délicat, pour rappeler le souvenir d'une jeune femme enlevée si inopinément à sa famille, à son époux, à la vie !..... à la vie, alors qu'elle allait en connaître le charme, par la possession de sentiments jusqu'alors inconnus à son âme nouvellement dépouillée de sa gaze virginale. Ne s'attend-on pas plutôt à lire autour de cette colonne brisée, au lieu d'un nom de jeune femme, celui d'un vieux militaire, respecté par le plomb et le fer sur vingt champs de bataille, mais brisé, comme ce monument, par l'action destructive du temps, qui ne respecte ni la pierre, ni le marbre, ni les hommes !

> Une rose naissante, ouvrant à la rosée
> Son calice odorant que recherche l'abeille,
> Mais qui, bientôt, hélas! par l'orage brisée,
> Tombe et meurt sur le sol qu'elle parait la veille,
>   Ne laissant pour souvenir
>   Qu'un parfum doux et durable
>   Qui la fait encor chérir
> Alors qu'elle se perd parmi l'herbe ou le sable :
> Tel serait le symbole, ingénieux et vrai,
> Du trépas regretté de cette jeune femme
>   Dont les trésors cachés de l'âme,
> Parfument son tombeau d'un prestige adoré.

On nous a assuré que la famille n'en n'avait pas eu le choix, que cette jeune dame ayant vu une semblable colonne au Père Lachaise, manifesta le désir d'en faire placer une pareille sur son tombeau. Hélas! en le lui promettant, son époux ne pensait pas devoir si tôt accomplir ce vœu.

A l'extrême gauche de cette sépulture, on peut lire, sur une colonne en pierre d'une grande simplicité,

les noms de M. et Mme *Cosserat*, anciens négociants de
de cette ville, décédés, le premier, le 12 mai 1832,
à l'âge de 64 ans; la seconde, le 17 décembre 1810,
âgé de 33 ans.

Cette sépulture est environnée d'une fort belle grille
en fer.

Nous poursuivons notre promenade, sans nous arrêter et en passant par le chemin n° 11, jusqu'au mur de séparation des carrés G et M, c'est-à-dire de l'ancien d'avec le nouveau cimetière, et nous allons passer en revue les monuments adossés contre le mur, du côté du carré G.

La première sépulture que nous rencontrons, est celle de la famille *Vast*, marchands cordiers de cette ville. Une borne antique en pierre maçonnée dans le mur, et sur laquelle sont gravées plusieurs inscriptions, forme le seul ornement de cette tombe de famille, qu'entourent quelques fleurs et arbrisseaux. — Famille VAST.

Deux croix en fer, entourées de fleurs, d'arbustes et de plates-bandes bordées de buis, viennent après la famille Vast : c'est la sépulture de la famille *Villain*. Rien de remarquable. — Famille VILLAIN.

La suivante, offre un monument fort distingué et digne de l'attention des visiteurs; c'est celui de — Tombeau de M. MORGAN-DE-BELLOY.

M. *Morgan de Belloy*. Il se compose d'un socle en pierre d'une grande dimension, sur lequel s'élève un mausolée également en pierre, mais d'un plus petit modèle que le socle ; sur la face, sont figurés deux génies funèbres agenouillés, tenant chacun un flambeau renversé et s'appuyant sur les armes de la famille, qui sont : d'argent à 3 rencontres de bœuf de sable, langues de gueules posés 2 et 1, 2 lions pour supports et surmontées d'une couronne de baron. L'exécution des génies est parfaite ; les traits respirent bien la douleur, cette douleur que le cœur seul fait naître, c'est-à-dire sainte et résignée ; enfin, le dessin est d'une exactitude voisine de la nature, et citer MM. Duthoit pour en être les auteurs, c'est en compléter l'éloge.

Sur chacun des côtés est sculpté un clepsydre ailé, et les quatre angles sont surmontés d'une tête figurant la douleur. Sur la face du socle, entre deux urnes lacrymatoires en bronze, incrustées dans la pierre, est gravée l'épitaphe suivante :

« A la mémoire
de Adrien-Marie-Jean-Baptiste-Joseph-Rose
Baron de Morgan de Belloy,
Chevalier de Saint-Louis,
Officier de l'ordre royal de la Légion-d'Honneur,
ancien maire de la ville d'Amiens,
ancien membre de la Chambre des députés,
né à Amiens, le XXX janvier MDCCLXVI,
décédé le IX novembre MDCCCXXXIV. »

M. Morgan de Belloy fut un des plus riches et plus capables négociants de cette ville, et l'un des plus riches propriétaires fonciers du département. Successivement maire de la ville d'Amiens et membre de la Chambre des députés, il fit preuve dans l'exercice de ses fonctions, que lui conférèrent et le vœu de ces concitoyens et le choix du gouvernement, du plus grand zèle comme des plus grandes capacités. Il succomba à l'âge de 69 ans à une affection cérébrale dont il souffrait depuis long-temps, mais qui fit tout à coup de rapides progrès. Sa perte fut vivement sentie par toutes les personnes qui le connaissaient et savaient apprécier en lui un esprit éclairé, un homme de cœur et du caractère le plus élevé; elle fut surtout bien regrettable pour les malheureux que sa bonté secourut chaque fois qu'ils se révélaient à lui ou qu'il les découvrait.

Un grand nombre d'amis et l'élite des citoyens conduisirent M. Morgan de Belloy à son dernier asile. Près des insignes des ordres dont il était décoré, figurait sur son cercueil une épée que le conseil municipal lui avait offerte en 1815, et qui portait gravés sur la coquille, les mots suivants : « *A Monsieur Jean-Baptiste Morgan, Maire, la ville d'Amiens reconnaissante.* »

L'exécution du monument est de M. Mangot fils, sous la direction et d'après le plan de MM. Duthoit.

Tombe de M. Morgan-d'Epagny.

Immédiatement à la suite, vient le tombeau de Mme *Morgan d'Epagny,* née *Marie-Louise-Julienne de Héricourt.* Cette dame était âgée de 47 ans à l'époque de son décès, qui eut lieu le 7 juin 1822.

Son monument, de forme méplate, est simple ; il repose sur un gradin en pierre et offre une belle table de marbre noir dans un encadrement en pierre, entouré de raies de cœur, sur laquelle est l'épitaphe de cette dame, c'est-à-dire l'inscription pure et simple de ses nom et qualités. Deux pilastres, en saillie et à angles, sont ornés d'urnes lacrymatoires et de couronnes de cyprès, sur les faces comme sur les côtés latéraux. Dans le tympan du fronton sont sculptées les armes de la famille Morgan, réunies à celles de la famille Héricourt, qui sont : d'argent à la croix de gueules chargées de 5 coquilles d'argent; deux lions pour supports et la couronne de marquis.

Deux ormes d'une belle venue ombragent cette sépulture. Mme Morgan d'Epagny est la belle-sœur de M. Morgan de Belloy.

Famille d'Hangest.

Nous passons à la sépulture de la famille *d'Hangest,* la seconde après la précédente. Ce qu'elle offre de plus remarquable est une petite pyramide en marbre blanc sur un socle en grès et surmontée d'une croix grecque également en marbre. Sur la face principale de la pyramide on lit l'inscription funèbre de M. *Fran-*

çois-*Casimir D'Hangest*, propriétaire, demeurant en cette ville, décédé le 26 novembre 1845, âgé de 64 ans.

Sur la base de la pyramide sont encore gravées deux épitaphes, notamment celle de *Marie-Virginie D'Hangest,* fille du précédent.

Deux autres pierres, sous forme de cippe et de borne antique, portent également des inscriptions.

Nous suivons sans nous arrêter, en passant devant les sépultures *Creton, Duchemin, Maréchal, Lemaître Boudon, Dupuis, Corblet-Turpin*, et *Turpin-Moma,* jusqu'à celle affectée aux familles *Calais-Faïez* et *Bouthors*, réunies par une même grille et dans un même caveau.

<small>Familles CALAIS-FAÏEZ et BOUTHORS.</small>

L'extérieur du monument est bien moins remarquable que l'intérieur ; et si on en excepte la matérialité, nous pensons que les ornements n'offrent rien de particulier, mais surtout rien de distingué. On a coupé le mur pour donner à cette sépulture plus d'étendue et former deux compartiments, distincts l'un de l'autre, comme on a établi deux entrées.

Le côté qui nous occupe offre sur le premier plan une colonne en pierre avec chapiteau orné de feuilles de pavots. Sur la face principale du socle, on lit ce distique, que nous retrouvons sur beaucoup de tombes :

« Mon amie,
» Je conserve l'espoir
» Un jour de te revoir. ?

Sur le côté latéral de gauche, est l'inscription de Mlle *Julie-Prudence Bon*, décédée le 7 novembre 1837, âgée de 24 ans, épouse de M. Leclerc, à laquelle probablement s'adressent les deux vers que nous venons de citer. Sur le second plan, une croix en fer porte l'épitaphe de M. *Bon-Rigaut*, marchand épicier de cette ville, décédé le 22 juin 1833, âgé de 47 ans. Au milieu est l'entrée du caveau sépulcral que ferme une porte en fer.

La seconde partie de cette sépultue se trouve établie de l'autre côté du mur. Une grille énorme, plus propre à clore des prisonniers qu'à préserver des dépouilles mortelles contre des profanations impossibles dans ce lieu, est la première chose qui frappe le visiteur. C'est qu'en effet, à la vue de ces barreaux de fer, dont chacun est du calibre d'un essieu de charriot, on se demande si les restes de ceux qu'on dépose en ce cimetière sont bien en sûreté, qu'on les y enferme et les protège avec des grilles dignes de défier les efforts des prisonniers les plus intrépides à l'endroit des évasions. De ce côté au moins, et comme compensation à cet aspect de prison, on repose les yeux avec plus de plaisir sur les fleurs nombreuses dont le sol est orné ; des chèvres-feuilles grimpent le long du mur et forment, au-dessus de l'ouverture, un treillage charmant. Quatre croix sont plantées à la mémoire de personnes dont les noms sont gravés, et deux blocs de pierre attendent deux autres croix et probablement deux autres cercueils.

M. Calais-Faïcz, ancien garde général des Eaux et Forêts, désirant avoir un caveau d'une solidité à défier le temps, s'adressa à M. Godin, garde du génie de première classe, pour obtenir une construction analogue à celle en usage dans les travaux souterrains des fortifications : c'est pour satisfaire à ce désir de la famille que le caveau dont s'agit a été construit dans les conditions suivantes.

La fouille a été poussée à sept mètres de profondeur. Un pavage en doubles briques de champ a été posé et lié avec du mortier de ciment sur toute la superficie de la fouille. Sur cette solide fondation ont été élevés des pieds droits, tant pour les cases destinées aux cercueils que pour le petit vestibule qui les précède. Ces murs, ainsi que tout le reste des maçonneries, construits en briques à paver et mortier de ciment de première qualité, ont 85 centimètres d'épaisseur, et les cases sont séparées entre elles par une maçonnerie en arc de voûte de 22 centimètres. La voûte supérieure, qui recouvre le tout, se compose de trois rouleaux de briques formant voûtes indépendantes, lesquelles sont revêtues d'une forte châpe en ciment, et cirée avec de l'huile de lin à l'instar du stuc. Le remblai supérieur, de trois mètres d'épaisseur, est fait avec le plus grand soin sur la châpe dont les pentes ont été réglées pour déverser à droite et à gauche les eaux pluviales. Les murs d'enveloppe ont été élevés de la fondation et ont été couronnés de bahuts en grès de 1 mètres 50 cent. de longueur sur 40 cent. de largeur et 30 de hauteur pour recevoir la grille en fer dont nous avons parlé. Il a été établi, en outre, un regard séparé pour l'introduction des derniers cercueils, ce regard est recouvert par la porte de fer dont nous avons parlé, et sera muré et comblé après le dernier décès.

Cette construction, qui a coûté 8,000 francs, a été exécutée par M. Leroy-Caussin, sous la direction de M. Godin.

Famille
Péru-Lorel.

La sépulture de la famille *Péru-Lorel*, qui suit la précédente, nous offre un cippe de forme gothique en beau marbre blanc veiné d'Italie, d'un travail aussi gracieux que remarquable. A l'élévation supérieure, dans un médaillon du même style, est sculptée une rose dont la tige est cassée près de la corolle. Ce symbole allégorique d'une mort prématurée est aussi ingénieux que poétique. Hâtons-nous d'ajouter que l'exécution est aussi poétique que l'allégorie, car en la comtemplant on est pris du désir de cueillir cette fleur afin d'en respirer le parfum avant qu'elle ne se flétrisse.

Ce gracieux monument est érigé à la mémoire de

Mlle *Suzanne-Natalie Pourcelle*, morte à l'âge de six mois. Il sort de l'atelier de M. Deventer, marbrier de cette ville; la sculpture est de MM. Duthoit.

Sur la droite, est une grande croix en fer dont le socle en pierre est couvert d'inscriptions funèbres, notamment de celles de Mme *Lorel*, née *Gabrielle Drevelle*, décédée le 20 février 1839, âgée de 69 ans; de *Philippe Lorel*, décédé le 19 novembre 1839, à l'âge de 68 ans; enfin, de Mme *Adam*, née *Marie-Gabrielle-Flore Péru*, décédée à Boulogne, le 8 mars 1843, à l'âge de 28 ans.

Un peu plus loin, nous retrouvons un monument en tout semblable à ceux élevés à la mémoire des membres défunts des familles Barbier, dans l'emplacement F, et Pillon de Ribeaucourt, sur le bord du chemin n.º 10 : c'est une pyramide hexagone en marbre de Boulogne, exécutée sur les mêmes plans et par le même marbrier. Elle est surmontée, ce que n'ont pas les autres, d'une fort belle urne drapée, à laquelle est suspendue une couronne de cyprès, le tout en marbre blanc.

Ce monument est élevé à la mémoire de Mlle *Boullet, Marie*, épouse de M. Louis-Etienne Pasquier, fils de M. le président de la Cour des pairs. Cette dame, fille du premier président de la Cour royale d'Amiens, mourut à Paris, le 12 décembre 1842, à l'âge de 23 ans. Ses dépouilles mortelles furent transportées

Tombe
de
Mlle BOULLET
épouse
PASQUIER.

8.*

à Amiens, pour être déposées dans cette séputure de famille.

Famille Grare.

Quatre pierres sépulcrales, placées horizontalement et environnées d'une grille en fer, indiquent la sépulture de la famille *Grare*, anciens négociants en cette ville. Ce tombeau de famille n'offre rien de particulier.

Famille Codevelle.

La famille *Codevelle* vient ensuite. Un petit monument en forme de temple, ayant deux colonnes formant péristyle, et une plaque en marbre noir appliquée dans le fond, s'offre d'abord aux visiteurs. Sur le marbre est gravée l'épitaphe de M. *Virgile-Alexandre Codevelle*, ancien banquier en cette ville, décédé le 14 février 1836, à l'âge de 54 ans. A la suite, est une pierre sépulcrale appliquée contre le mur, dans laquelle sont gravées plusieurs inscriptions funèbres. Le monument dont nous venons de parler n'offre rien de remarquable.

Famille Bellouin.

Tout auprès, environnée d'une haie formée de cyprès, de thuyas, d'arbustes aux branches grimpantes qui la dérobent aux regards des visiteurs et semblent la protéger contre les regards indiscrets et curieux des indifférents, est une pierre toute simple, élevée à la mémoire de M. *Bellouin et de son épouse*, le premier, ancien commissionnaire de roulage en cette ville, décédé à l'âge de 70 ans, le 26 mai 1836.

La deuxième sépulture, en suivant, est celle de M. *Hanocq, Jacques-François*, président honoraire à la Cour royale d'Amiens, chevalier de l'ordre royal de la Légion-d'Honneur, membre de l'académie d'Amiens, décédé le 6 janvier 1839, âgé de 78 ans.

<small>Tombe de M. Hanocq.</small>

Son monument est fort simple ; il se compose d'un cippe carré à chapiteau dans le goût égyptien.

Dans toutes les phases de la vie de cet ancien magistrat, il se recommanda par des qualités intimes qui le rendaient précieux à ses amis et à ses collègues. Scrupuleux observateur des principes dont ne doivent jamais se départir les représentants de la justice, il fut estimé de tous, et il put, en mourant, emporter la douce et consolante conviction d'être regretté au sein des compagnies dont il était membre et de laisser une mémoire honorée.

Nous terminons ici la revue des monuments établis de ce côté du mur, et nous allons en visiter le revers en passant devant un fort gracieux massif par lequel l'extrémité de ce mur est caché.

La première sépulture dépendante du carré M, est celle de la famille de M. *Daveluy-Bellencourt,* ancien maire de la ville d'Amiens. Une fort belle croix en fer, aux rayons dorés, s'élève sur un piédestal en

<small>Famille Daveluy-Bellancourt.</small>

pierre. De chaque côté, et appliquée contre le mur, on remarque une pierre sépularele, portant chacune une inscription. Sur la pierre de gauche, on lit cette épitaphe :

« Ici
repose le corps
de M. Nicolas
DAVELUY-BELLENCOURT,
officier de la Légion-d'Honneur,
président du Conseil de fabrique
de la paroisse de St.-Leu,
ancien député,
ancien maire de la ville d'Amiens,
ancien président de la chambre
et du tribunal de commerce,
né à Amiens, le 10 septembre 1756,
décédé le 21 mai 1840,
dans la 84.me année de son âge.

M. Daveluy-Bellencourt a fourni une carrière honorable et bien remplie, et peu d'hommes ont joui, à plus juste titre, d'une réputation sans tache et d'une considération justement acquise. Son mérite, alors que les passions politiques se sont éteintes, a été de plus en plus apprécié, aussi la plupart des personnes qui l'ont connu se plaisent-elles à rendre justice à la droiture de ses principes, de son esprit et de son cœur, à l'étendue de ses connaissances et à sa scrupuleuse probité. Pendant long-temps les suffrages de ses concitoyens se réunirent sur lui toutes les fois qu'il s'agissait de donner à leurs intérêts un organe et un défenseur éclairé et conscieux ; aussi fut-il nommé plusieurs fois président de la chambre et du tribunal de commerce : ces honneurs étaient et devaient être réservés au négociant habile et irréprochable. L'étendue de ses connaissances cependant lui valut une autre part dans les affaires publiques ; il remplit tour à tour, et souvent à la fois, quand il n'y avait pas incompatibilité, les fonctions d'administrateur des hospices, de membre de la commission des prisons et de toutes les associations de bienfaisance et de charité, de conseiller municipal, d'adjoint au maire et enfin de maire d'Amiens. Malgré la multiplicité de ces importantes fonctions, il savait faire une si sage distribution de son temps, qu'il ne négligeait aucun des devoirs qu'elles imposaient. Ces preuves de zèle et de dévouement dans l'exercice de fonctions purement locales, lui méritèrent les suffrages du collége électoral d'Amiens, qui envoya M. Daveluy siéger à la Chambre des députés.

Rentré dans la vie privée après la révolution de juillet, M. Daveluy passa sa vie dans la pratique de bonnes œuvres, au milieu d'une famille nombreuse et digne de lui, dont la tendresse et l'union faisaient son bonheur.

Sa santé avait été long-temps inaltérable ; mais enfin les infirmités de la vieillesse arrivèrent, les forces l'abandonnèrent et sa vie s'éteignit, calme et pure, comme celle de l'homme qui meurt avec la conscience d'avoir été utile à ses semblables dans toute la limite de son pouvoir.

La pierre de droite porte l'inscription de dame *Marie-Françoise-Catherine Constant*, ancienne religieuse de la communauté de Saint-Joseph de Paris, née à Bolbec, décédée à Amiens, le 6 mars 1831.

Cette religieuse était institutrice dans la maison de **M.** Daveluy, lorsqu'elle mourut. C'est à ce titre, augmenté par l'estime qu'avait la famille de celui-ci pour cette pieuse femme, qu'elle dût d'être inhumée dans cette enceinte.

Famille Pollet-Mallet.

Le monument le plus remarquable, à la suite de la sépulture de M. Daveluy, est celui de M. *Pollet-Mallet*. C'est une fort belle colonne en marbre noir, supportée par un double socle de même marbre et terminée par une urne cinéraire drapée, d'une exécution digne d'attirer l'attention des visiteurs ; une couronne de fleurs en marbre blanc est passée autour et suspendue à l'élévation supérieure du fût de la colonne. Les fleurs sont aussi gracieuses, aussi artistement et habilement groupées que la sculpture de l'urne est correcte ; mais nous aurions désiré plus de délicatesse, de grâce dans la couronne, qui est par trop matérielle, trop épaisse, trop chargée. Les fleurs n'aiment pas à être pressées, elles doivent coquettement se montrer, et s'épanouir tout à leur aise, sans être heurtée l'une par l'autre. On objectera peut-être qu'elles sont parfaitement distinctes, séparées; c'est vrai, l'exécution est irréprochable, mais l'idée créatrice ne l'est pas autant; en un mot, les proportions de cette couronne ne sont pas en harmonie avec celles de la colonne. Combien j'aime mieux cette simple rose cassée dont nous avons parlé en nous occupant du monument de Mlle Pourcelle, ou bien encore ce bouquet de fleurs dont est ornée la borne antique élevée dans la sépulture de M. Lorel aîné.

Sur le fût de la colonne est gravée l'inscription de M. *Pollet*, *Jules*, décédé le 14 mars 1846, âgé de 38 ans. Il était propriétaire de l'*Hôtel de France et d'Angleterre*, situé rue Royale.

Sur la gauche du visiteur, on remarque une colonnette en pierre sur le premier plan, et sur le second, un petit piédestal qui supporte un ange en prière exécuté en marbre blanc. Ces deux petits monuments sont élevés à la mémoire de deux jeunes enfants de M. Pollet.

Familles VIOLETTE-CARPENTIER et BENOÎT.

Les sépultures *Violette-Carpentier* et *Benoît*, situées à une faible distance l'une de l'autre, sont de formes modernes et à peu près identiques : fronton, dans le tympan desquels sont gravés les noms de chacune des familles; plates-bandes gracieuses formées par des plantations de buis et ornées de fleurs ; telle en est la description. M. *Violette*, *Firmin-Augustin*, ancien négociant, décédé le 15 janvier 1842 âgé de 61 ans, et *Louis-Alexandre Benoit*, imprimeur sur étoffe, décédé le 12 avril 1838, âgé de 61 ans, reposent chacun dans la sépulture affectée à sa famille.

<small>Sépulture de M. Rigollot.</small> A une faible distance du dernier monument, nous rencontrons un fût de colonne en marbre blanc veiné d'Italie, sur lequel nous lisons l'inscription suivante en caractères dorés :

« Ici repose
Marc-Edme Rigollot,
docteur en médecine de la Faculté de Montpellier,
membre de l'académie et de la société médicale d'Amiens,
membre du jury de médecine,
et ancien juge en la cour criminelle de la Somme,
né à Bœugevin (Haute-Marne),
le 27 avril 1749,
décédé à Amiens, le 29 septembre 1832.

Ce monument, si toutefois on peut appeler ainsi ce fût de colonne, est d'une telle simplicité, que le visiteur ne se douterait pas, si on ne le lui apprenait, que sa destination est de rappeler la mémoire d'un homme qui a acquis en cette ville une juste célébrité, tant par les talents de sa profession que par les capacités dont il a fait preuve dans les diverses phases de sa vie.

M. Routier a prononcé sur sa tombe un discours dans lequel il a fait ressortir, avec bonheur, les principaux actes de d'une vie si bien remplie.

M. Rigollot naquit à Bœugevin, département de la Haute-Marne, le 25 avril 1749. Il fut destiné par son père à l'état ecclésiastique; il fit ses études à Paris; l'étendue, la variété de ses connaissances, sa vaste érudition, prouvent combien elles furent brillantes et combien elles devaient porter de fruit dans la maturité de l'âge. Il se distingua, en effet, dans les concours de l'Université. Prêt à recevoir la consécration du sacerdoce, il se tourna vers les études médicales, et il se rendit à Montpellier, où il reçut, après avoir studieusement suivi les leçons de cette célèbre Faculté, le doctorat, vers l'année 1778.

Le sthalisme, doctrine médicale qui était alors professée dans la Faculté de Montpellier, qui laissait au médecin observateur la conscience de ne point intervertir par les ressources du galénisme, ou de la méthode agissante, les efforts naturels du principe vital dans la cure des maladies, parut avoir particulièrement saisi les facultés de M. Rigollot; avoir, dès ce point de départ, toujours dirigé les actes de sa pratique jusqu'à la fin de ses jours, et c'est avec la bonté parfaite du caractère qui le distinguait qu'il se laissa appeler médecin expectant.

M. Rigollot, poussé par le désir d'ajouter à ses connaissances, fit, en pèlerin, le voyage d'Italie.

Il s'établit à Doullens, où il se maria en 1786. Il y acquit une grande estime et fut pensionné par la ville. En 1786, il vint s'établir à Amiens, et dès 1789, il fut nommé membre de l'académie de cette ville.

Lors de l'invasion de notre patrie par les armées étrangères, alors que M. Rigollot fils, éloigné de son père, prodiguait ses soins à nos soldats sur les champs de bataille, ce dernier se chargea du service d'un grand hôpital et rendit, au milieu de la contagion, dans l'âge du repos, des services doublement précieux par sa grande expérience et ses talents éprouvés.

M. Rigollot, au milieu de la paix et du bonheur domestique, a vu se prolonger sa carrière jusqu'au terme qu'atteignent rarement les hommes. Il a eu une vieillesse exempte d'infirmités. Il a pu se livrer, jusqu'à sa dernière heure, à ses études favorites, car sa modération et sa sagesse lui conservèrent la plénitude de ses facultés jusqu'au moment où une mort paisible le vint frapper. M. Rigollot fils a dignement remplacé son père dans la même carrière.

Sépulture de M. Petit.

Tout auprès, nous remarquons un cippe en pierre de Senlis, recouvert d'un chapiteau égyptien, sur lequel nous lisons l'inscription suivante :

« Ici repose
Pierre-Christophe-Amédée
Petit,
conseiller à la Cour royale d'Amiens,
ancien membre du bureau central de bienfaisance
et de la commission des hospices,
né à Dieppe,
mort à Amiens, le 19 novembre 1834,
âgé de 57 ans et 7 mois. »

Celui qui repose sous cette pierre est le père de M. Petit, l'un des avocats distingués de notre barreau.

Le premier monument digne de remarque, après notre dernière station, est celui de la famille *Binard*, dont le chef est apprêteur en cette ville. Ce monument est de forme moderne et en pierre de Senlis ; le fût est divisé par six tables en relief, destinées aux inscriptions funèbres, et il est surmonté d'un chapiteau formé par deux consoles en volutes ornées de rameaux et de couronnes d'immortelles, ainsi que de deux palmettes à chacune des extrémités ; enfin il est terminé par une croix en pierre. Sur la table supérieure de droite est gravée cette inscription :

Famille Binard.

« Jules
Binard,
décédé le 27 mars 1846,
âgé de 21 ans. »

M. Jules Binard était un jeune homme de mérite, d'un caractère doux et sociable; il a été justement regretté par ses nombreux amis, et sa famille a fait en lui une perte dont elle est et sera long-temps affectée.

Le monument a été construit par M. Lefebvre fils; son exécution est fort remarquable et mérite des éloges.

Famille LAROZIÈRE.

La sépulture de la famille *Larozière* joint la précédente. A gauche de l'enceinte est un cippe en pierre, recouvert d'un chapiteau égyptien, sur lequel on lit l'inscription mortuaire de Mme *Victoire Cardon*, épouse de M. Larozière, fabricant, décédée à Amiens, le 24 octobre 1832, à l'âge de 37 ans.

A droite, on remarque une colonne en beau marbre blanc veiné d'Italie, supportée par un double socle en pierre et en marbre, et surmontée d'une urne de même : elle est élevée à la mémoire de Mlle *Sidonie-Virginie Larozière*, née le 24 mars 1820, décédée le 24 février 1846.

Famille BON-HERBET.

Nous passons la sépulture de la famille Calais-Faïez dont nous avons parlé à la page 173, et nous faisons une courte station à la tombe de Mlle *Léonie Bon-Herbet*, qu'indique une petite pyramide méplate, sur laquelle nous lisons ces vers, fort bien sentis, mais plutôt inspirés par le cœur que par le génie poétique :

> « Hélas ! notre Léonie
> Ainsi qu'une ombre a passé :
> Le bonheur de notre vie
> N'est plus qu'un rêve effacé. »

De fort gracieuses plantations ornent l'enceinte de cette tombe.

La sépulture de la famille *Beaucousin de Moiencourt* offre un monument de style moderne. Sur la frise est gravé en creux le nom de la famille. Il est surmonté d'une corniche et d'un attique, ainsi que d'un chapiteau formé par deux consoles en volutes, au milieu desquelles est sculpté un clepsydre ailé. Il a été construit par M. Leroy-Caussin.

Famille Beaucousin de Moiencourt.

M. *Alexandre Beaucousin*, propriétaire, décédé le 2 mai 1845, à l'âge de 69 ans, est inhumé dans ce lieu.

Le monument de la famille *Dubas*, dont le chef est maître teinturier en cette ville, est, comme le précédent, de style moderne. La corniche et le chapiteau diffèrent seulement quant à la forme; ainsi, la partie saillante de la corniche forme un torse, et le chapiteau, formé par deux volutes ornées de feuilles de pavots, est surmontée d'une croix gothique en fonte, dorée.

Famille Dubas.

Mme *Dubas*, née *Marie-Marguerite Dubois*, décédée le 25 avril 1845, à l'âge de 67 ans, et deux de ses petits-enfants y sont inhumés.

Le monument a été construit par M. Brare-Saineville, et la sculpture exécutée par M. Bourquin.

<small>Famille BERNAVILLE.</small>

Tout auprés, nous remarquons une colonne en pierre de Senlis, à l'élévation supérieure de laquelle sont sculptées deux branches symboliques, l'une de lierre et l'autre d'olivier.

Elle est élevée à la mémoire de M. *Marie-Pierre-Joseph Bernaville*, ancien négociant et propriétaire en cette ville, décédé le 1.re mai 1846, âgé de 58 ans.

<small>Famille ANQUETIN.</small>

La 5.e sépulture en suivant est tout à fait pittoresque ; des plantations de buis en carrés et en cœur, des arbustes et des fleurs ornent le terrain de cette tombe qui nous paraît être souvent visitée par la famille *Anquetin*, qui en est concessionnaire, et à laquelle, sans doute, elle rappelle un souvenir cher à chacun de ses membres. De l'autre côté du mur s'élancent des branches de lierre qui retombent sur la modeste pierre, sans ornements, adossée contre le mur, sur laquelle on lit l'épitaphe suivante :

« Une bonne mére!
Marie-Rose-Julie POIRÉ,
épouse, le 4 juin 1816,

de M. Anquetin, pharmacien,
née à Amiens, le 13 octobre 1786
et décédée le 4 juin 1834. »

Et au-dessous, ces vers :

« Avec regret elle quitta la vie :
Un époux, trois enfants, de ses douloureux jours,
Charmaient, faisaient l'existence chérie.
Au lit de mort, d'une voix affaiblie,
Elle leur dit : *Adieu, chers amis, pour toujours!*
Elle n'est plus, hélas! mais aucun d'eux n'oublie
Ces mots : *Adieu, chers amis, pour toujours!* »

Si ces vers ne sont pas d'un poète exercé, au moins sont-ils l'expression touchante d'un sentiment respectable.

La deuxième sépulture, en continuant, est celle de la famille *Morgan de Béthune*. Deux pierres horizontales, surmontées de deux autres perpendiculaires, en forme de bornes antiques, et sur lesquelles sont gravées deux inscriptions, composent le monument des époux de Morgan.

Famille DE MORGAN DE BÉTHUNE.

Sur la pierre de gauche, on lit lit l'épitaphe suivante :

« Ici repose le corps de dame Marie-
Adrienne-Aldégonde, comtesse de BÉTHUNE,
ancienne chanoinesse du chapitre de Maubeuge,

décédée à Amiens, le 12 février 1842,
âgée de 68 ans et 6 mois,
veuve de M. Louis-Alexandre de Morgan,
ancien procureur-général à la Cour royale d'Amiens. »

Une maladie soudaine, devenue mortelle en très-peu de jours, enleva à sa famille et à ses amis Mme *de Morgan*, née *de Béthune*, dont le père périt sur l'échafaud à l'époque de la terreur, mort à laquelle elle fut arrachée elle-même par celui qui devint son époux et qui n'était alors qu'avocat.

Sur la pierre de droite est gravée cette autre inscription :

« Ici repose le corps de Louis-Alexandre
DE MORGAN,
décédé à Amiens, le 24 octobre 1830, à l'âge de 71 ans;
ancien procureur-général près la Cour royale de cette ville,
officier de la Légion-d'Honneur.
Magistrat intègre, le plus tendre des pères,
le meilleur des époux, il emporte avec lui
les regrets de tous les gens de bien
qui ont su apprécier la franchise
de son caractère et la bonté de son cœur. »

La perte de M. de Morgan fut vivement sentie par sa famille et ses amis.

A la suite, on remarque, appliquée contre le mur, une pierre sur laquelle on lit l'indication de la sépulture de Mme *Angélique de Calonne*, née *de Morgan*.

Une pierre sépulcrale, couchée et enceinte d'une grille en fer, recouvre la dépouille mortelle de cette dame, décédée le 16 avril 1830, à l'âge de 77 ans; elle était l'épouse de M. de Calonne, Charles-François, chevalier de Saint-Louis, ancien directeur des postes, à Amiens. *Tombe de M.ᵐᵉ de Calonne.*

Nous cessons ici la revue de cette aile du mur, dont nous allons continuer la visite en traversant le chemin de communication du nouveau avec l'ancien cimetière. Après avoir passé les deux massifs plantés de chaque côté du chemin, nous nous trouvons dans le carré figuré au plan à la lettre L.

Nous passons successivement devant les supultures des familles *Caron*, *Pecquet*, *Merlin*, *Boucheron*, *Thuillier Cauchon* et *Lobligeois*, les monuments n'offrant rien de précisément remarquable pour le visiteur.

Le premier monument digne de fixer l'attention du visiteur, contre cette aile du mur, est celui de M. *Mangot*, fils aîné. Alors qu'on retrouve partout les traces de son existence, dans ce séjour funèbre, alors qu'on s'arrête avec quelque plaisir en face de plusieurs des monuments qu'il a construits avec autant de goût que de talent, il faut que la pensée se reporte vers ce but unique où nous courons tous, les *Famille Mangot-Lotiquet.*

9.

uns un peu plus tôt, les autres un peu plus tard. Là, s'élèvent les monuments que construisit cet homme, ici, est son tombeau !

> On l'a dit bien souvent, comme un fleuve est la vie :
> Soit que l'onde caresse une plage fleurie,
> Soit que le flot pressé roule contre un rocher,
> Et par de vains efforts cherche à le détacher,
> L'onde et le flot s'en vont où coule la rivière,
> Sans pouvoir remonter un instant en arrière,
> Et tous deux vont se perdre en l'abîme des mers,
> Réelle éternité de ce vaste univers.
> C'est ainsi que la vie en ce monde s'écoule,
> Sur la peine et la joie elle passe, elle roule,
> Sans pouvoir activer ni suspendre son cours,
> Qu'il éclose pour nous de beaux ou mauvais jours,
> Et de même se perd, en passant par la terre,
> Dans cette éternité que voile un grand mystère.

M. Mangot fils a exécuté un grand nombre de monuments dans ce cimetière ; nous avons indiqué les plus remarquables, parmi lesquels figurent ceux des familles Soyez-Desjardins, Massey l'aîné, Morgan de Belloy, Bruno, etc.

Le sien est de forme moderne, surmonté d'un fronton dans le goût égyptien, dans le tympan duquel est sculpté un clepsydre ailé ; nous regrettons de voir figurer ce symbole en parallèle avec une urne drapée à laquelle est suspendue une couronne d'immortelles, ornements sculptés par MM. Duthoit avec leurs talents accoutumés, tandis que le clepsydre est d'une exécution plus que médiocre. Sur le fût du monument sont incrustées trois tables en marbre noir ; une bande de semblable marbre est appliquée sur la frise, où est gravé, en caractères dorés, le nom de la famille *Mangot-Lotiquet*, concessionnaire de cette sépulture. Sur l'une des tables de marbre est gravée, également en caractères dorés, l'inscription funèbre de M. *Pierre-Louis Mangot*, entrepreneur de travaux publics, décédé le **14** septembre **1841**, à l'âge de **42** ans. Un caveau à tiroirs est creusé sous ce monument.

La deuxième en suivant, est la tombe de la famille *Paillart-Lecoq*, dont le nom est gravé en relief sur la frise du monument, qui est de style moderne et à peu près semblable au précédent. Le fronton est dans le goût égyptien, et dans le tympan sont sculptés une couronne de feuilles et de fleurs de pavots qui entoure un clepsydre ailé ainsi que deux flambeaux à demi-renversés et entrelacés de feuilles de lierre. Le caveau est à tiroirs. Ce monument a été exécuté par M. Mangot fils, et la sculpture est de MM. Duthoit.

<small>Famille Paillart-Lecoq.</small>

Mme *Paillart*, née *Adèle-Fortunée Lecoq*, dont le mari est négociant en cette ville, décédée le **1.er** décembre **1839**, à l'âge de **44** ans, et son père, *Joseph Lecoq*, propriétaire, décédé le **8** février **1825**, reposent dans ce caveau.

Famille MANCEL.

Nous nous arrêtons, tout près du précédent monument, devant celui élevé dans l'enceinte de la sépulture affectée à la famille *Mancel*. Il est de style moderne, mais il se distingue des autres par des détails d'un effet très-pittoresque, particulièrement par les sculptures dont il est embelli.

Le fût est divisé par trois tables carrées en marbre noir, et une bande de même marbre, de toute la largeur du fût, est incrustée à l'élévation supérieure. A droite et à gauche on remarque un pilastre en saillie, sur chacun desquels sont sculptés, entrelacés de feuilles et de fleurs de houblon, les attributs de brasseurs. Ces deux pilastres sont surmontés de deux palmettes ornées d'épis d'orge; entre les deux palmettes et sur la corniche, sont établies deux consoles en volutes, également ornées d'épis d'orge et de fleurs et feuilles de houblon. Enfin, le monument est terminé par une urne cinéraire drapée.

L'ornementation de ce monument, seule, est digne d'attirer le visiteur ; et il faut vraiment craindre d'être importun de satiété, pour ne pas adresser de nouveau à MM. Duthoit les éloges que leur mérite cette œuvre. La construction a été exécutée par M. Tattegrain. Il y a un caveau à tiroirs.

Sur la bande de marbre est gravé, en caractères dorés, le nom de la famille *Mancel*, ainsi que l'inscription funèbre de M. *Jean-Marie-Joseph-Martin*

Mancel, ancien marchand brasseur, né à Boulogne-sur-Mer, le 11 novembre 1772, et décédé à Amiens, le 10 décembre 1836. Sur l'une des tables de marbre est l'épitaphe de *Gabrielle-Adélaïde Baillet*, épouse de M.- Constant Mancel, décédée le 6 décembre 1843, à l'âge de 30 ans.

Les pauvres firent une grande perte en Mme Mancel; cette vertueuse femme était la providence de son quartier ; ce n'était point la mendicité ostensible et effrontée à laquelle elle venait en aide, mais bien à la misère cachée et souffrante, d'autant plus digne de pitié, que bien peu de personnes se donnent la peine de la rechercher pour la soulager.

La sépulture de la famille *Maillet*, anciens négociants de cette ville, joint la précédente. Le monument est de style moderne et n'offre rien de particulier ; dans le tympan du fronton sont sculptés un hibou entouré d'une couronne de pavots et deux branches de cyprès. Plusieurs membres de la famille sont inhumés dans cette enceinte. [Famille MAILLET.]

La sépulture de la famille *Robert* vient à la suite. Le monument est semblable au précédent; il n'y a de différence que dans les ornements, placés au même endroit : ils se composent d'un clepsydre ailé entouré d'un serpent et de deux flambeaux à demi-renversés. Le fronton est surmonté d'une palmette. [Famille ROBERT.]

La famille Robert a plusieurs de ses membres inhumés dans cette sépulture.

Famille Degove-Bazile. La famille *Degove-Bazille* a sa sépulture à la suite. Le monument est de même style et de même forme que ceux dont nous venons de parler ; mais il est dépouillé d'ornements, si on en excepte un agneau rédempteur au-dessus duquel est gravée cette citation :

« *Agno saturantur qui imitantur.* »

Sur la droite et sur le premier plan, s'élève un beau cippe en marbre blanc veiné d'Italie, surmonté d'une croix dorée. A l'élévation supérieure de ce cippe, est gravée, en caractères dorés, cette inscription :

« Philippine Bazille, veuve de M. Degove, décédée le 24 décembre 1843, à l'âge de 67 ans. »

Les inscriptions d'autres membres défunts de cette famille, notamment celle de M. *Degove*, ancien marchand de fer en cette ville, époux de D.lle Philippine Bazille, sont gravées sur des tables de marbre noir appliquées sur le fût du monument qui est adossé contre le mur. Deux sapins d'une fort belle venue et de gracieuses plates-bandes ornent l'enceinte de cette sépulture.

Famille Couvreur. Nous nous arrêtons, tout auprès, devant le monument de la famille de M. *Couvreur*, ancien filateur et fabricant. Il se compose d'un piédestal recouvert d'un chapiteau égyptien et surmonté d'une croix dorée. Sur la face, on lit cette épitaphe :

« Jean-Baptiste Couvreur, fabricant
et filateur en laine, décédé le 13 mai 1814,
âgé de 56 ans. »

Et au-dessous, ces vers :

« Bon père, tendre époux, il fit notre bonheur,
Et voici que la mort, sourde à notre prière,
L'enlève!... Oh! qui pourra calmer notre douleur!
La foi des affligés est une douce mère,
La foi nous le rappelle expirant dans nos bras,
La foi consolatrice offre à notre tendresse
Le précieux souvenir de son heureux trépas ;
Que l'espoir de nos cœurs chasse donc la tristesse,
Homme, nous le pleurions, chrétien, nous l'invoquons ;
Et lorsque à nos esprits reviendra sa mémoire,
En proie à la douleur, toujours nous redirons :
Il n'est point mort pour nous, son âme est dans la gloire. »

Nous ne citons point ces vers pour leur mérite poétique, mais bien comme un témoignage public du respect et de l'amour d'une famille pour son chef.

Toute la partie du mur comprise dans cette sépulture est peinte en noir.

Nous terminons par ce monument notre revue contre cette partie du mur, les trois ou quatre tombes suivantes n'offrant rien de particulier à décrire. Nous nous dirigeons contre celui au levant, toujours dans le nouveau cimetière, et nous allons le parcourir dans toute sa longueur.

<small>Famille Faton de Favernay.</small> Nous faisons notre première station devant la sépulture de la famille *Faton de Favernay*. Le monument est dans le goût antique, divisé en trois compartiments par un semblable nombre de tables en saillie. Le chapiteau est à oreillons, sculptés en forme de palmettes, et orné d'un clepsydre ailé dans le tympan ; il est surmonté d'une croix romaine.

Sur deux des tables sont gravées les inscriptions, 1° : de dame *Catherine-Mathilde de Jouenne d'Esgrigny*, veuve de M. Pierre-Dominique de Gorguette de Salancy, décédée le 2 avril 1840, à l'âge de 79 ans ; 2° : de dame *Marie-Geneviève-Angélique-Charlotte Anthéaume*, veuve de M. Jacques-François Faton de Favernay, décédée le 3 janvier 1838, à l'âge de 80 ans. Cette dame est la mère de M. le conseiller du même nom.

<small>Famille Leprince.</small> La deuxième sépulture en suivant, sur le terrain de laquelle ne s'élève aucun monument et que ferme une grille en fer, est celle de M. *Leprince aîné, François-Paul-Samson*, décédé le 7 septembre 1835, à l'âge de 59 ans.

Retiré jeune encore du commerce, M. Leprince ne

resta pas dans l'oisiveté ; son goût pour le travail lui fit rechercher de l'occupation, et ses occupations furent utiles à son pays natal. Il entreprit de relier tous les manuscrits de notre Bibliothèque, et se voua, pour y parvenir, à l'apprentissage d'un art qui lui était étranger ; enfin, il n'épargna ni soins ni dépenses pour rendre son travail digne de sa noble destination. Bientôt, M. Leprince fut appelé, par l'autorité publique et la confiance de ses concitoyens, à plusieurs emplois honorables : il fut successivement nommé membre du conseil municipal, du conseil d'administration des hospices, ordonnateur général de ces hospices, membre et trésorier gratuit du bureau de bienfaisance.

M. le Maire de la ville prononça un discours, au moment où le cortège s'arrête à la porte St.-Maurice, pour rendre un dernier hommage à la mémoire de M. Leprince.

Comment se fait-il qu'aucun signe extérieur ne rappelle au moins le nom de ce citoyen, auquel la cité doit pourtant quelque reconnaissance ? Serait-il déjà oublié même par sa famille ? nous ne pouvons le croire. Près de lui sont inhumées ses deux sœurs, toutes deux religieuses de l'ordre de la *Visitation*.

Nous constatons, en passant, la présence d'un cippe en marbre blanc veiné d'Italie, d'un fort beau travail. Il est élevé à la mémoire et sur l'emplacement

Sépulture de M. JAHAN.

destiné à la sépulture de M. *François-Cosme-Damiens Jahan*, propriétaire, décédé le 30 janvier 1840, à l'âge de 76 ans. Ce cippe sort des ateliers de M. Deventer.

Sépultures des Familles GODARD-DOUILLIEZ.

Les sépultures des familles *Godard* et *Douilliez*, réunies par une seule grille, doivent être l'objet d'une remarque toute particulière, à raison de la singularité qui a présidé à leur décoration. La partie du mur comprise dans l'enclos de cette concession a été ornée, si toutefois on peut se servir de ce mot en pareille circonstance, ornée, disons-nous, d'une peinture représentant des arbres et des fleurs ; certes, cette décoration nous paraît être plus propre à celle d'un théâtre, que convenable à un asile funèbre. Et qu'on ne croie pas que cette opinion nous appartienne exclusivement, nous avons entendu l'émettre bien des fois. Si au moins la beauté de l'exécution rachetait la mauvaise application, on excuserait le maintien de cette espèce de peinture, mais c'est qu'elle est vraiment plus que médiocre ; et en présence de l'entretien soigné de ces tombes de familles, et de l'exécution des monuments, qui sont de fort bon goût, on regrette cette anomalie choquante, car, il faut le dire, l'esprit est plutôt réjoui par cette perspective, que pénétré par la pensée mélancolique dont chaque mortel doit être possédé, quand il visite les tombeaux, séjour de l'éternité.

Contre le mur est maçonnée une pierre sépulcrale en forme de borne antique, sur laquelle est l'inscription mortuaire de M. *Pierre-François Godard*, rentier, décédé le 9 mars 1844, à l'âge de 82 ans. A droite, sur le premier plan, s'élève une fort belle colonne en marbre blanc veiné d'Italie. Elle est érigée à la mémoire de dame *Virginie-Gabrielle Degand*, épouse de M. Douilliez, décédée le 7 septembre 1844, à l'âge de 31 ans. Enfin, derrière cette colonne, on remarque une petite borne antique sur laquelle est gravée, avec le nom d'un petit enfant, une tête d'ange. Un caveau à tiroirs a été construit dans cette enceinte par M. Leroy-Caussin, et les monuments en marbre sortent des ateliers de M. Deventer.

La chapelle sépulcrale de la famille *Tondu*, dont les membres sont ou propriétaires ou négociants, joint immédiatement la dernière sépulture. Elle est précédée d'un parterre que ferme une grille en fer avec ornements en fonte. La porte de la chapelle est également en fonte et ornée ; son encadrement est entouré de feuilles d'acanthe. Deux pilastres à chapiteaux sculptés flanquent cette chapelle, sur la frise de laquelle est gravée en relief le nom de la famille. Dans le tympan du fronton sont sculptés un clepsydre ailé, entouré d'une couronne d'immortelles, et deux flambeaux à demi-renversés. La disposition intérieure n'en est pas moins remarquable. On y a élevé un autel parfaitement décoré ; quatre tables en marbre noir, destinées aux inscriptions funèbres, sont appliquées sur la paroi du mur du fond ; enfin, elle est éclairée par des vitraux de couleur. Dans le caveau sont déposés les restes mortels de dame *Marie-Françoise-Rose Tondu,* décédée le 12 mars 1845, à l'âge de 71 ans.

La construction de cette chapelle est de M. Leroy-Digeon, la sculpture de M. Lavigne ; cette dernière partie laisse à désirer, notamment les feuilles d'acanthe dont nous avons parlé.

Famille Cacheleux.

A quelque distance de là, nous rencontrons la chapelle de la famille *Cacheleux.* Elle est construite sur le même plan que celle dont nous venons de nous occuper. Le nom de la famille est gravé en creux sur la frise ; dans le tympan du fronton sont sculptés un clepsydre ailé et deux flambeaux à demi-renversés et entrelacés de feuilles de lierre.

Elle a été construite par M. Tattegrain, la sculpture est de M. Sallé. L'intérieur n'est pas terminé au moment où nous écrivons. M. *Cacheleux fils* y est inhumé. Ce jeune homme était élève du grand séminaire de cette ville.

Famille Dhervillers.

Nous passons devant les sépultures des familles *Stiévenart*, *Bellegueule,* et nous nous arrêtons un instant devant celle de la famille *Dhervillers,* où l'on remarque, entre plusieurs monuments, un piédestal en marbre blanc, surmonté d'un chapiteau et d'une urne en marbre semblable, d'un beau travail. Quatre thuyas d'une belle venue ornent cette sépulture.

Nous nous arrêtons, à quelques pas, devant le monument élevé dans l'enceinte de la sépulture de la famille de M. *Alexandre Laurent*, ancien négociant et fabricant de velours d'Utrecht. Ce monument est de forme moderne, avec chapiteau cintré au milieu duquel est sculptée une couronne de pavots nouée par un ruban. Trois pierres horizontales portent les inscriptions suivantes :

Famille ALEXANDRE LAURENT.

Sur la première à droite :

« Ici repose le corps
de M. Alexandre LAURENT,
décédé le 13 novembre 1842, âgé de 77 ans. »

Sur la seconde :

« Ici repose le corps
d'Alexandrine-Henriette
COULON, épouse de M. Alexandre
Laurent, décédée le 22 avril 1839,
à l'âge de 57 ans. »

Et sur la troisième :

« Ici repose le corps
de dame Amélie LAURENT,

épouse de M. Grégoire Sainte-Marie,
notaire à Roye, décédée
le 9 avril 1833, à l'âge de 21 ans.

De beaux sapins ombragent ces tombes que ferme une grille en fer.

Sépulture des Sœurs de la Congrégation du Sacré-Coeur.

La sépulture qui vient ensuite ne se fait pas remarquer par la richesse des monuments, mais bien par sa simplicité toute chrétienne. Pusieurs croix en bois, plantées sur des gazons tumulaires, attestent le dernier asile de pieuses et saintes filles, que leur piété dans ce monde semble préserver de toutes profanations, car une simple haie sèche, à demi-dégarnie, protège leurs dépouilles mortelles. Là, vous chercheriez en vain ces signes de grandeur, d'opulence, de vanité, symboles de l'orgueil de ceux dont ils doivent perpétuer le souvenir ; à ces filles chrétiennes, il ne faut qu'un symbole, celui de la croix, celui de la rédemption éternelle. C'est dans cette enceinte que reposent après leur mort, réunies comme elles l'étaient en ce monde, plusieurs sœurs de la congrégation du *Sacré Cœur de Marie*.

Saintes filles du Ciel, épouses du Seigneur,
Loin des plaisirs mondains s'écoule votre vie;
Ni l'orgueil insensé, ni la vaine grandeur
Ne tenteront jamais un instant votre envie.
Que l'univers s'ébranle au choc des passions,

Que le flambeau sanglant de la guerre civile
Allume en tous pays des révolutions,
La tourmente en passant respecte votre asile
Que protège sans cesse un silence pieux,
Qui n'est interrompu que par de saints cantiques,
S'envolant de la terre au Royaume des Cieux
Pour éloigner de nous les misères publiques.

Le monument de M. *Caron-Vitet* joint cette dernière sépulture. Il est dans le goût antique et en pierre. Sur le socle est gravé en creux le nom de la famille. Le fût est orné, de chaque côté, d'un flambeau renversé, supportant chacun l'extrémité d'une guirlande de cyprès. Le chapiteau est formé par deux consoles ornées de fleurs de pavots, et il est surmonté d'une croix romaine. Cette inscription latine est gravée sur la face :

Famille CARON-VITET.

« Memento homo
Quia pulvis es,
et
in pulverens reverteris. »

La sépulture est entourée d'un parapet en pierres, dont les faces intérieures sont disposées de manière à recevoir les inscriptions funèbres. On y remarque celles-ci :

« Jean-Baptiste-CARON,
imprimeur-libraire,
né à Monsures, le 30 avril 1785,
décédé le 22 mars 1845. »

Voici la seconde :

« Clarisse CARON,
née le 21 novembre 1821,
décédée le 6 septembre 1839 »

La troisième est celle d'un enfant d'un an.

Ce monument est fort remarquable, soit comme exécution, soit comme sculpture. Il a été construit à Paris, par le gendre de M. Caron.

Sépulture des Ursulines.

La sépulture qui précède est suivie par celle des *Sœurs-Ursulines*. Même simplicité qu'aux sœurs du Sacré-Cœur. Deux croix en bois, peintes en noir, sont plantées sur un pareil nombre de tombes. A droite, on remarque une pierre sépulcrale couchée, sur laquelle est gravée cette épitaphe :

« Ici repose le corps de dame
Louise-Thérèse-Anastasie
DE CLERMONT-TONNERRE,
supérieure et restauratrice
des Ursululines,
décédée le 2 avril 1827,
âgée de 73 ans et 8 mois,
et de religion, 51 ans et 6 mois. »

Cette dame est la tante de M. *le comte de Clermont-Tonnerre*, de Bertangle. C'est elle qui, après la Révolution, réorganisa à Amiens la congrégation des Dames

Ursulines dont elle fut la supérieure jusqu'à sa mort. Elle était réputée pour sa charité et sa piété.

Une haie à moitié rompue entoure cette modeste tombe.

Nous longeons le mur, à droite, jusqu'à ce que nous rencontrions le monument élevé aux membres défunts de la famille *Couderc*, anciens chapeliers. Il est de forme moderne avec chapiteau cintré. Une table de marbre noir, divisée par deux filets d'or, recouvre toute la face du fût. Il est établi d'après le même plan que celui de la famille Alexandre Laurent. Une grille en fer, supportée par un bahut en briques et pierres de 70 centimètres de hauteur, entoure cette sépulture, qui n'offre rien de particulier. *(Famille Couderc.)*

Ce n'est pas sans quelque peu d'émotion que nous nous arrêtons devant le second monument à la suite du précédent : nous voulons parler de celui de M. *Vasseur*, fils de Bruno-Vasseur, dont nous nous sommes occupés lors de notre visite dans la plaine F. *(Famille Vasseur.)*

Ne semble-t-il pas que cette famille soit prédestinée à de funestes accidents, quand on pense au père, mort d'une chûte faite du haut en bas du clocher de la cathédrale, et au fils, victime d'un évènement tragique, conçu et exécuté par une pensée criminelle. Il ne nous appartient point, et nous ne voulons, à aucun prix, réveiller des haines éteintes, souffler sur les passions pour les rallumer, nous nous bornons à relater un fait qui appartient à l'histoire de la cité.

Le 10 septembre 1835, M. Bruno, propriétaire, se rendait à la campagne pour visiter une propriété; il était en cabriolet, et son fils l'accompagnait à cheval. Arrivés à une certaine distance, dans la campagne, ils furent rejoints par M...., également monté à cheval, et qui, parvenu un peu au-delà du cabriolet dans lequel était M. Bruno, se retourna, et tira subitement sur celui-ci un coup de pistolet dont il fut mortellement blessé. Le fils, qui n'avait pu prévoir ni prévenir une pareille tentative, transporta son père à Boves où les plus grands soins lui furent prodigués. Nous croyons devoir nous abstenir de relater les causes attribuées à l'exécution de ce crime. M. Bruno mourut des suites de sa blessure le 28 septembre de la même année, c'est-à-dire dix-huit jours après l'évènement dont il fut victime. Il était âgé de 47 ans.

Son monument, de forme méplate, est surmonté d'une fort belle pyramide. Sur la face est appliquée une belle table de marbre noir, sur laquelle est l'épitaphe du sieur Bruno et celle de son épouse, *Emilie-Christine Lesueur,* décédée le 13 novembre 1838, à l'âge 25 ans. Il est flanqué de chaque côté par un pilastre dont la face est recouverte d'une table de marbre destinée à recevoir d'autres inscriptions; ces pilastres sont couronnés chacun par un chapiteau formé par deux consoles en volutes, tant sur les faces que sur les côtés latéraux, et supportant une urne en marbre noir. A l'élévation postérieure de la pyramide, est sculptée une urne lacrymatoire entrelacée de feuilles et de fleurs de pavots et de cyprès, et à l'élévation supérieure, une couronne d'olivier entourant un clepsydre ailé. Entre ces deux ornements, est gravée en relief l'indication de la famille à laquelle est affectée cette sépulture. Elle est entourée d'une grille en fer.

L'exécution de ce monument, en tout remarquable, est de M. Mangot fils, sur les plans de MM. Duthoit, desquels sont les ornements.

La sépulture de la famille de M. *Vion*, ancien entrepreneur des ponts-et-chaussées, vient après la précédente. Le monument, de forme méplate et dans le goût antique, et presque entièrement caché par un massif de sapinette. Trois tables de marbre noir sont appliquées sur la face. La frise porte le nom de la famille gravé en creux et peint en noir. Sur l'architrave, sont sculptés quatre flambeaux renversés et trois couronnes d'olivier. Le fronton est orné d'un clepsydre ailé, d'une grande dimension, au-dessous duquel est sculptée une urne lacrymatoire. Il a été construit à Paris par M. Lebègue.

<small>Famille Vion.</small>

Sur la table de droite est gravée l'inscription de M. *Jean-Baptiste-Marie-Théodore Vion*, ancien entrepreneur des ponts et chaussées, membre du conseil d'arrondissement, ancien membre du conseil des prud'hommes, décédé le 1.ᵉʳ mars 1835, âgé de 66 ans.

Sur la table du milieu on lit :

« Ici repose Edouard-Eugène Vion, étudiant en
droit, décédé à Paris, âgé de 24 ans,
fils de Jean-Marie-Théodore Vion, et de dame
Marie-Thérèse Vion.

Enfin, la troisième table indique le décès d'un enfant de 3 mois.

<small>Famille Renard-Dorville.</small>

Nous terminons la revue du mur de clôture de ce carré par la visite du monument élevé dans l'enceinte de la sépulture de la famille de M. *Renard-Dorville*, colonel de la garde nationale d'Amiens. Ce monument est moderne; trois tables de marbre noir sont appliquées sur la face, et l'indication du nom de la famille est gravée sur une bande de marbre. Deux flambeaux renversés, placés de chaque côté du fût, supportent une guirlande de cyprès, au-dessous de laquelle est sculptée une couronne d'immortelles. Dans le tympan du fronton on remarque un immense clepsydre ailé, et deux palmettes décorent les extrémités de ce fronton que termine une croix romaine.

Deux inscriptions font connaître au visiteur qu'un

nombre égal de cercueils y est déposé. La première, concerne Mlle *Juliette Renard*, décédée le 31 décembre 1840, à l'âge de 3 ans et demi.

La seconde, M. *Marie-Hippolyte-Ernest Renard*, décédé à Glen-Cove, près de New-York, à l'âge de 19 ans 6 mois, et inhumé le 15 décembre 1842.

Ce jeune homme, mort dans le courant d'octobre 1842, périt bien malheureusement dans une partie de plaisir comme on en fait souvent en Amérique. En sortant de dîner, il voulut, en compagnie d'un de ses amis, faire une partie d'eau, montés dans une chaloupe. Cette embarcation, mal conduite sans doute, fut submergée par un coup de vent. M. Renard se noya, l'asphyxie s'étant d'autant plus vite produite que ce jeune homme sortait de prendre son repas. Quant à son compagnon, il fut assez heureux pour regagner la rive à la nage. Embaumé au lieu de son décès, M. Renard a été ramené dans sa patrie pour être réuni à sa famille dans ce caveau.

Les deux autres monuments à la droite n'ont rien de remarquable.

Nous abandonnons donc ce carré, que nous traversons, et nous gagnons le chemin figuré au plan sous le n.º 12, et par lequel nous revenons jusqu'au mur de clôture qui sépare l'ancien du nouveau cimetière. Nous entrons dans l'ancien, afin de visiter la partie du mur dépendante du carré K, et au nord.

Tombeau de M. Granclas.

Le premier monument, joignant le chemin n.º 11, est celui de M. *Granclas*, ancien ingénieur au corps royal des ponts-et-chaussées. Ce monument se compose d'une pyramide en pierre de Senlis d'un style particulier. A l'élévation supérieure est pratiquée une niche dans laquelle est placée une lampe sépulcrale; autour de cette niche est sculptée une couronne de feuilles de laurier.

On y lit cette inscription, que cachent en partie quatre belles têtes de buis :

« Ci git
Charles-Dominique
Granclas,
ingénieur en chef au corps royal des ponts-et-chaussées
du département de la Somme,
décédé le 16 décembre 1823, âgé de 73 ans.
Il fit du bien pendant sa vie,
ses ouvrages vivront après sa mort.
L'estime des hommes
fut sa récompense en ce monde,
priez Dieu que dans l'autre il le récompense de sa gloire. »

Famille Chamont.

Nous passons devant les sépultures *Duvette*, *Lefebvre*, *Plé*, pour arriver à celle de la famille *Chamont*, fermée par une haie vive. On y remarque trois pierres horizontales et un petit piédestal en pierre, surmonté d'une croix en marbre noir portant cette inscription : *Henriette Chamont*. Sur la face principale de la base du piédestal est gravé le complément de l'inscription de la croix : *Epouse de M. Pilvois,* receveur particulier des finances.

Parallèlement à ce piédestal, on remarque une pierre couchée et d'une grande dimension. Elle recouvre les dépouilles mortelles de M. Chamont. L'inscription gravée sur cette pierre résume toute la vie administrative de ce dernier, aussi la transcrivons-nous entièrement :

« Ici repose le corps
de M. Antoine-Denis-François
Chamont,
né le 12 avril 1761,
directeur du 20.ᵐᵉ de la province de Picardie en 1790,
administrateur du district d'Amiens,
maire de la ville d'Amiens,
administrateur municipal d'un canton d'Amiens,
en 1795, 1796, 1797.
Directeur des contributions directes et du cadastre du
département de la Somme,
de 1800 à 1802,
chevalier de l'ordre royal de la Légion-d'Honneur,
décédé le 17 juillet 1826,
âgé de 65 ans et 3 mois. »

M. Chamont fut un homme distingué par ses connaissances administratives et financières. Ses obsèques eurent lieu avec pompe, et tous les honneurs dûs à son rang lui furent rendus ; la plupart des fonctionnaires supérieurs du département l'accompagnèrent à sa dernière demeure. Quatre chevaliers de la Légion-d'Honneur tenaient chacun un coin du poêle, et un détachement du 20.ᵉ léger escortait le convoi. M. Liadières, capitaine du génie, si honorablement connu par ses talents littéraires, prononça un discours très-touchant sur la tombe du défunt.

A gauche de cette tombe, on remarque deux autres petites pierres couchées, portant les inscriptions mortuaires de deux enfants de ce dernier.

Monument de M. Lapostolle.

Nous touchons au monument de M. *Lapostolle*, qu'on peut appeler le chef-d'œuvre de MM. Duthoit, pour l'exécution duquel ils ont déployé tout leur savoir et ouvert tous les trésors de leur génie. Il ne s'agit point ici de ces ornements et symboles vulgaires, qu'on rencontre sur la plupart des monuments, un peu mieux, un peu plus médiocrement exécutés; il s'agit de toute une composition, d'une perspective du plus bel effet, et d'une composition qui vienne rappeler, au plus ignorant des connaissances scientifiques de l'homme en l'honneur duquel a été érigé ce monument, qu'elles ont été ses études principales et ses expériences pendant sa longue carrière. On ne pouvait être plus heureusement inspiré, en reproduisant, dans un bas-relief, un de ces évènements dont les effets désastreux ont été l'objet de toute la sollicitude de M. Lapostolle, afin de les combattre. Ce bas-relief représente un paysage, sur le premier plan duquel on remarque un champ de blé battu par l'orage. Des paragrêles sont plantés de distance en distance pour en combattre les effets ; quelques personnages, placés près d'un arbre, paraissent se courber sous les coups de l'ouragan qu'on voit, par un effet de perspective, s'éloigner comme cédant à l'influence des paragrêle set parafoudres.

Cette composition, nous le répétons, est poétique, savante, et digne d'artistes de premier ordre.

Le monument n'est pas moins remarquable. Il se compose d'un mausolée supporté par un socle. Il est divisé en deux parties; sur la première, est sculpté le bas-relief dont nous venons de parler, de chaque côté duquel on remarque un génie : celui de droite, tient en mains les attributs de la chimie ; celui de gauche, les attributs de l'électricité et un paragrêle dont M. Lapostolle fut l'inventeur. La seconde partie, d'une proportion inférieure à la première, offre, sur la face principale et à l'élévation supérieure, un médaillon dans lequel est incrusté le portrait en marbre blanc de M. Lapostolle. Deux flambeaux renversés, auxquels est suspendue une guirlande de cyprès entrelacée de rubans, sont sculptés, l'un de chaque côté. Le chapiteau est formé, sur les quatre faces, de deux consoles en volutes et ornées. Sur le socle de cette seconde partie est gravé en creux le nom de M. Lapostolle, et au-dessous du bas-relief on a gravé, également en creux, les mots *paragrêle* et *parafoudre*.

Sur le devant du monument, sont placées horizon-

10.

talement trois pierres portant les inscriptions de la sœur et de l'épouse de M. Lapostolle, ainsi que la sienne; elles sont ainsi conçues :

« Ici repose
Marie-Ursule-Josephe-Nathalie
LAPOSTOLLE,
décédée le 21 mai 1829,
âgée de 84 ans. »

La deuxième :

« Ici repose
Marie-Jeanne Valot,
décédée le 28 janvier 1824,
à l'âge de 73 ans,
épouse de M. Léonce Lapostolle. »

Enfin, la troisième :

« Ici repose
Alexandre-Ferdinand-Léonce
LAPOSTOLLE,
officier de l'Université, professeur de physique
et de chimie à l'école de médecine d'Amiens,
membre de l'académie et de la société médicale d'Amiens;
président du conseil de salubrité de la même ville;
membre du jury médical du département de la Somme;
associé correspondant de la société de médecine
de Paris, et de plusieurs autres sociétés savantes;
ancien conseiller municipal et administrateur
des hospices civils,
décédé le 9 décembre 1831,
âgé de 82 ans. »

Nous ne pouvons mieux faire connaître le caractère, les habitudes et les vastes connaissances de l'illustre savant dont nous nous occupons, qu'en reproduisant le discours prononcé sur sa tombe par M. Barbier, digne ami du défunt.

« Messieurs,

» En approchant de cette tombe, une pensée préoccupe mes esprits. Je cherche en vain les témoins des longs, des importants travaux de M. Lapostolle. Je ne trouve point ici de souvenirs contemporains des nombreux services qu'il a rendus. C'est le sort réservé à ceux que le ciel gratifie d'une vieillesse prolongée; ils tombent au milieu de générations nouvelles auxquelles il faut expliquer ce que ces hommes privilégiés ont fait pour leurs pères, ce que la patrie doit à leur mémoire.

» Que mes paroles auraient bien plus de puissance, que ma douleur rencontrerait de sympathies, si autour de cette tombe se pressaient les hautes notabilités d'Amiens, qui, il y a cinquante ans, accordaient déjà à M. Lapostolle leur estime; les magistrats qui le consultaient et qu'il avait si souvent éclairés; tous les hommes industriels dont il était journellement le guide!

» Je sais que c'est surtout le professeur de chimie et de physique de l'école de médecine d'Amiens, que je devrais ici vous montrer. Mais je suis entraîné vers d'autres pensées, et d'une vie si bien, si noblement remplie, permettez-moi d'extraire seulement quelques faits pour les soumettre à vos réflexions.

» Alexandre-Ferdinand-Léonce Lapostolle naquit à Maubeuge, le 21 décembre 1749. Privé de son père à l'âge de

» 12 ans, il trouva dans une bonne mère l'appui et les se-
» cours nécessaires pour assurer son avenir. Il fit ses études
» au collége de sa ville natale; il y passa ensuite deux an-
» nées chez un pharmacien ; puis il alla à Paris achever son
» éducation. C'est là qu'il sentit sa vocation, et qu'il conçut
» pour la chimie une passion qui a conservé jusqu'à sa mort
» la même ardeur. Différentes circonstances le décidèrent à
» choisir Amiens pour s'y fixer.

» Jusqu'à l'époque dont nous parlons, la chimie avait tou-
» jours eu des formes comme magiques, un aspect mysté-
» rieux. M. Lapostolle, en se chargeant de l'enseigner à
» nos pères, l'offrit sous sa véritable figure. Il la montra
» bienfaisante, officieuse. Il fit voir qu'elle ne dédaignait au-
» cune de nos pratiques domestiques, que rien ne lui était
» étranger, qu'elle aidait de ses conseils les hommes de
» toutes les classes, qu'elle éclairait tous les procédés des
» arts, qu'elle assurait la prospérité des ateliers. Aussi, pen-
» dant long-temps, les mots Chimie et Lapostolle ont ils été
» chez nous comme synonymes.

» On sait que M. Lapostolle possédait à un haut degré
» l'art de faire les expériences de physique et de chimie : il
» manipulait avec une habileté qui charmait toujours ceux
» qui suivaient ses leçons.

» Personne ne peut prétendre à une plus grande réputa-
» tion de savoir et d'obligeance que M. Lapostolle. Avec
» quelle bonté il recevait les chefs de nos manufactures,
» avec quelle complaisance il écoutait ceux qui allaient le
» consulter! Il en est bien chez qui ces paroles, accueillies
» avec faveur, réveilleront des sentiments de gratitude.

» Comme savant, M. Lapostolle présente un caractère
» particulier : c'est la tendance de ses idées vers tout ce
» qui pouvait être utile à l'humanité. Ce qu'il recherchait

» dans chaque nouvelle découverte, ce qu'il prisait dans les
» progrès des sciences, c'était des applications qui pussent
» augmenter le bonheur des hommes, servir aux progrès de
» l'industrie. Les savants de la capitale qu'il comptait pour
» amis, étaient des hommes qui s'étaient rendus célèbres
» dans l'étude de l'économie domestique et rurale, ou par
» les services qu'ils avaient rendus aux arts; c'est que leurs
» cœurs s'entendaient, c'est qu'ils se sentaient portés vers le
« le même but, et qu'il leur convenait de réunir leurs efforts
» pour y arriver plus sûrement.

» Rappelerai-je ici les recherches de M. Lapostolle sur les
» ustensiles de cuivre, sur le danger de leur emploi pour la
» préparation des aliments?

» Parlerai-je du zèle qu'il a montré pour faire comprendre
» aux habitants de cette province tous les avantages que
» promettait la culture de la pomme de terre? Aujourd'hui,
» nous jouissons des immenses bienfaits que procure, à la
» société tout entière, la découverte de ce tubercule fari-
» neux; mais combien d'efforts n'a-t-il pas fallu faire pour le
» mettre en faveur! Disciple de l'illustre Parmentier, il a,
» pour nous au moins, quelque part dans la gloire qui rend
» ce dernier immortel. Aussi, comme il jouissait, quand il
» apercevait dans nos plaines les tiges vertes de la pomme
» de terre former un champ au milieu des épis dorés du fro-
» ment ou du seigle? Il répétait alors que cette plante avait
» tout à la fois augmenté les jouissances du riche, diminué
» les besoins du pauvre, préservé déjà plusieurs fois l'Europe
» des horreurs de la famine. Il avait découvert que les tiges
» de cette plante recélaient une grande proportion de po-
» tasse; il s'était occupé des moyens d'en extraire cette subs-
» tance; il voulait, par là, augmenter les bénéfices de la
» culture de sa plante favorite.

» Je pourrais, Messieurs, suivre M. Lapostolle dans bien

» d'autres travaux; nous le trouverions toujours occupé du
» bonheur des hommes. Il a fait publiquement, dans cette
» cité, des cours de boulangerie; il s'est beaucoup occupé
» des moyens de perfectionner la bière.

» Citerai-je ici le procédé fort industrieux qu'il avait pro-
» posé pour remplir les trous que laisse dans nos marais
» l'extraction de la tourbe, et d'où sortent, en été, les exha-
» laisons les plus malfaisantes? Une espèce de plante du
» genre *Carex*, qui a la faculté de multiplier ses racines à
» l'infini, devait épuiser les eaux stagnantes, et faire bientôt
» monter le fond de ces excavations au niveau de leur bord.

» Il est, Messieurs, des projets qui sont si élevés, j'allais
» dire si exigeants, qu'ils suscitent tout d'abord une sur-
» prise, une sorte de crainte générale qui fait ajourner leur
» adoption. Tel est le moyen que M. Lapostolle annonça au
» monde savant comme propre à empêcher la formation de
» la grêle. Depuis long-temps notre savant méditait sur les
» principaux phénomènes de la météorologie; il avait sur-
» tout recherché quelles conditions de l'atmosphère déter-
» minaient la congélation de l'eau aérienne. Il crut re-
» connaître que l'électricité y jouait le principal rôle. Dès
» lors il conçut l'opinion qu'en soutirant sans cesse de l'air
» le fluide électrique, on rendrait la formation de la grêle
» impossible. Ces données le conduisaient à demander que
» nos plaines, que toutes les saillies du globe fussent garnies
» de pointes. Il indiqua la paille comme un conducteur de
» l'électricité dont, jusqu'à lui, on avait méconnu la valeur.

» Mais une pareille proposition devait nécessairement
» soulever une forte opposition. Il n'est pas donné à celui
» qui conçoit une pensée aussi vaste, et qui a le cou-
» rage de la publier, de lui voir obtenir le succès qu'elle
» peut mériter. Cependant M. Lapostolle a su que cette an-
» nonce avait été accueillie avec faveur dans quelques pays.

» Des essais heureux ont été tentés en Suisse, en Italie,
» en Amérique. Peut-être l'avenir conserve-t-il à la mé-
» moire de notre collègue des hommages dont il ne se sera
» pas douté.

» Je voudrais, Messieurs, vous parler toujours de l'uti-
» lité des travaux de M. Lapostolle; mais je dois aussi vous
» montrer son zèle. Il est connu parmi nous que, pour remplir
» convenablement les fonctions qui lui étaient confiées, il
» faisait plus que ses collègues ne voulaient, plus que ses
» forces ne le permettaient.

» Je citerai un fait qui seul prouvera combien cet homme
» estimable était animé du désir ardent, impérieux de faire
» le bien. Le choléra menace nos contrées; on a reconnu
» que l'humidité de l'air, que son altération sont des con-
» ditions qui impriment à cette maladie une fureur redou-
» table. Les membres du conseil de salubrité sont invités,
» par l'intendance sanitaire, à rechercher toutes les causes
» qui peuvent, dans la ville d'Amiens, communiquer à l'air
» un caractère insalubre. Dès le lendemain, notre collègue
» apporte un mémoire où toutes les rues, tous les canaux,
» tous les points enfin de cette cité sont passés en revue, et
» partout se trouvent signalés dans ce travail les objets à sur-
» veiller, ceux à faire disparaître, les améliorations à ré-
» clamer, les pratiques nouvelles à introduire.

» Je ne puis m'empêcher, Messieurs, de noter cette épo-
» que si remarquable dans la carrière de M. Lapostolle, où la
» chimie vit sa doctrine renversée et de nouveaux principes
» lui donner une nouvelle existence. M. Lapostolle avait
» étudié cette science avec les maîtres les plus habiles de
» son époque. Son âme ardente avait écouté avec avidité,
» les Rouelle, les Sage, lorsqu'ils lui dévoilaient les se-
» crets de la nature dans une théorie que le respect, que
» l'admiration semblaient avoir consacrée. Lui-même avait

» enseigné avec enthousiasme cette doctrine. Cependant des
» hommes habiles interrogent les mêmes faits ; ils les con-
» çoivent autrement, ils en tirent d'autres conséquences.
» Une théorie nouvelle, opposée à la première, s'élève au
» milieu du monde savant : elle séduit les esprits, et la doc-
» trine des anciens chimistes est bientôt abandonnée.

» M. Lapostolle résista à l'entraînement. Il lui en coûtait
» trop d'abandonner des principes auxquels il avait rendu
» une sorte de culte. Sa fidélité au *phlogistique* le rendit
» long-temps injuste envers l'*oxygène*. Il est même vrai de
» dire que ses souvenirs jetaient souvent une sorte d'obscu-
» rité sur ses explications. Son ancienne science avait con-
» servé sur lui un empire qui mettait un peu d'embarras,
» d'hésitation dans ses démonstrations.

» Encore un mot, Messieurs : puis-je oublier le noble
» présent que notre collègue fit à la ville d'Amiens, de
» son riche cabinet de physique. Ces instruments lui ont
» servi à donner des leçons utiles à plusieurs générations
» de cette cité : il a voulu dans sa bienfaisance se survivre à
» lui-même, en assurant les mêmes avantages aux généra-
» tions futures.

» Je m'arrête : il faut qu'une séparation cruelle s'opère.
» J'aurais voulu honorer davantage la mémoire d'un collè-
» gue que nous regretterons toujours. Dans mon opinion, le
» deuil doit être général, quand une cité perd un homme
» comme M. Lapostolle.

» Cher et vénérable collègue : une famille éplorée n'a pas
» entouré ton lit de mort, n'a pas reçu tes derniers adieux :
» mais depuis long-temps tes amis étaient devenus tes en-
» fants. Notre empressement, nos respects, nos hommages
» ont, nous l'espérons, consolé ta vieillesse. Tu nous aimais
» comme un père ; les pleurs que nous versons sur ta tombe
» sont l'expression d'une tendresse vraiment filiale. »

— 225 —

Peu de temps avant sa mort, M. Lapostolle fit, *de vive voix*, plusieurs legs de bienfaisance; il légua, entr'autres choses, un lit à l'hospice des Incurables d'Amiens et 400 fr. aux pauvres infirmes de sa paroisse; il chargea sa légataire universelle de l'acquit de ces legs. La probité connue de cette personne, la délicatesse avec laquelle elle s'est montrée disposée à remplir les intentions du défunt, ne laissent aucun doute sur l'accomplissement de ses dernières volontés.

La sépulture de M. Lapostolle est fermée par une grille en fer sur le devant, et de chaque côté par un parapet en pierres.

A la suite on remarque, adossé contre un mur, un petit cippe en pierre et deux tables, également en pierre, appliquées contre le même mur. C'est la sépulture des frères *Caille* et de l'épouse de l'un d'eux. *Félix Caille,* décédé le 7 janvier 1828, lieutenant-colonel en retraite, et *François-Bernard Caille,* chef d'escadron, décédé le 26 octobre 1832, étaient deux braves comme la France en produit à toutes les époques, et surtout quand les évènements réclament l'appui et le secours d'hommes énergiques. On regrette que nul monument n'indique aux visiteurs les services rendus au pays par les braves frères Caille.

Famille CAILLE.

Tout à côté, environnée d'une grille en fer, on rencontre la tombe de Mme *Gorin de Tronville.* Une

Tombe de Mme GORIN DE TRONVILLE.

10.*

simple pierre pour monument, avec cette inscription :

« Marie-Anne-Françoise
Poujol,
veuve de Jean-François-Alexandre
de Gorin de Trouville,
ancien conseiller du Roi et trésorier de France,
décédée le 13 décembre 1825,
à l'âge de 82 ans. »

Au-dessous de cette inscription sont figurées les armes de son mari, qui sont : d'azur au chevron d'argent, accompagné de trois merlettes de même, 2 en chef, une en pointe.

<small>Famille Bélu.</small>

Nous passons la famille *Destrée-Bazille*, et nous nous arrêtons devant un monument moderne, divisé par trois cadres, dont deux vides, et le troisième rempli par une table de fonte, sur laquelle est gravée l'inscription de Mme *Bélu*. Dans le tympan du fronton est sculpté un agneau rédempteur ; trois palmettes en fonte ornent le faîte du fronton, une au milieu, et deux autres à chacune des extrémités. L'inscription suivante est gravée sur la face du monument :

« E Gehemmà mundi
transiit cœlum,
†
D. O. M.

« Hic jacet exanimis
Joannes Prudenta DE CROYER,
nata die 4 octob. anno 1786,
die 28 martis anno 1827 defuncta,
Quam uxorem duxerat Joannes-Félix BÉLU,
ingénieur en chef au corps royal des ponts-et-
chaussées du département de la Somme,
directeur du canal du duc d'Angoulême,
uxor dilecta conjugi dilecta mater filio
utrique flebilis occidit, hunc illi ambo
struerunt tumulum, sta viator et ora ! »

TRADUCTION :

« Des misères de ce monde
elle passa dans le ciel ! »
« Ici repose sans vie
Jeanne Prudente DE CROYER,
née le 4 octobre 1786,
décédée le 28 mars 1827,
qu'avait épousée Jean-Félix BÉLU,
ingénieur en chef au corps royal des ponts-et-chaussées
du département de la Somme,
directeur du canal du duc d'Angoulême,
épouse chère à son époux, mère chère à son fils ;
elle mourut regrettée de l'un et de l'autre :
tous deux lui élevèrent ce monument.
Passant, arrête-toi et prie ! »

Il n'y a rien à ajouter à cette touchante épitaphe, qui peint mieux que tous les éloges d'une plume étrangère le vide et les regrets qu'a laissés cette dame dans sa famille.

Nous poussons notre promenade jusqu'à l'angle opposé du mur, coupé dans cet endroit pour communiquer de l'ancien au nouveau cimetière, et nous faisons une station devant la sépulture de la famille *Dauzet*, dont tous les membres jouissent d'une estime justement méritée, et conquise par l'occupation d'emplois publics d'un ordre élevé. Une borne antique, adossée contre le mur, est l'unique monument élevé dans cette sépulture qu'enceint une claire-voie. Les inscriptions suivantes sont gravées sur la pierre dont nous venons de parler :

« Marie-Jean-Louis-Henri
Dauzet,
fils unique de M. Jean-Louis Dauzet,
secrétaire-général du département de la Somme,
et de dame Louise-Charlotte Febronier
Dargnies,
décédé le 20 février 1827, âgé de 20 ans et 6 mois. »

« Sa mère, Marie-Louise-Charlotte Febronier
Dargnies,
décédée le 13 janvier 1845,
âgée de 79 ans. »

« Son oncle, Eloy-Florimond
Dauzet,
secrétaire de la mairie et membre du
bureau de bienfaisance,
décédé le 29 janvier 1844,
âgé de 74 ans. »

Et au dessous, on lit ces vers latins :

« Hoc unum poterit patrios lenire dolores :
Defuncto melior corpore vita manet.
O quandò lœti superis in sedibus una
Filius et mater cum patre semper erunt!

TRADUCTION :

« Une seule chose pourra adoucir la douleur des parents: c'est qu'il est après la mort une vie meilleure que celle du corps. Oh! quand viendra le moment où, pleins de joie, le fils et la mère seront réunis pour jamais avec le père ! »

Famille Cozette.

Nous revenons en arrière, en entrant dans le carré K, dans une direction horizontale à la sépulture de Mme Bélu, et nous nous arrêtons devant celle de la famille *Cozette*, dont le chef a été, pendant long-temps, tambour-major de la garde nartionale d'Amiens, et, jusqu'à sa mort, premier suisse de la cathédrale de la même ville, modestes fonctions dans l'exercice desquelles il n'en a pas moins acquis l'estime de ceux qui le connurent.

Le monument, d'un style sévère, se compose d'un piédestal en pierre, au-dessus duquel s'en élève un autre en beau marbre noir, destiné à recevoir une copie de l'*ange pleureur* de Blasset ; au devant, sont placés horizontalement trois cercueils en pierre, sur la face desquels on lit : Epouse, Père, Mère.

Quatre pilastres, sur chacun desquels est placé un

vase en fonte, supportent et relient la clôture, qui est à claire-voie et fermée par une haie vive. A la base de la face principale du pilastre de droite, on lit avec quelque attendrissement, et un sentiment de satisfaction, ces deux lignes, qui à elles seules suffiraient à faire le plus bel éloge de M. Cozette-Ladent, qui les a tracées après avoir accompli le fait qu'elles mentionnent.

« Ici repose, loin de sa patrie,
un pauvre enfant de la Savoie. »

Et qu'on ne dise pas que ce soit par ostentation que cette inscription a été tracée ; non, car, dans ce cas, c'est au ciseau du graveur que M. Cozette en eût confié l'exécution ; mais il a préféré, dans sa modestie, au moyen d'une craie blanche, indiquer lui-même, aux compatriotes de cet enfant, que dans cette sépulture repose un *enfant de la Savoie*, oublié peut-être dans sa patrie, mais dont les dépouilles mortelles ont été religieusement conservées par un cœur généreux et compatissant.

Sur le piédestal dont nous avons parlé, on lit les inscriptions suivantes :

« Louis-Antoine Cozette, ancien tambour-major
de la garde nationale d'Amiens, décédé premier suisse
de la cathédrale, le 29 mai 1822, âgé de 59 ans. »

« Elisabeth Lescot, son épouse, décédée
le 17 septembre 1832, âgée de 68 ans. »

« Adélaïde-Justine Ladent, décédée le
14 juillet 1842, âgée de 39 ans,
épouse de Louis-Joseph Cozette, suisse à la cathédrale
et débitant de tabac en cette ville. »

A l'occasion de la mort de cette dame, on rapporte une anecdote touchante de fidélité conjugale. M. Cozette, son époux, ayant fait vœu de visiter et de prier chaque jour sur la tombe de son épouse, n'a jamais manqué, malgré la saison et ses occupations, à cet engagement pieux et sacré du cœur et de sa conscience : si la mort les a séparés matériellement, du moins sont-ils encore unis par le souvenir du survivant.

La taille et pose des pierres du monument sont de M. Vast, entrepreneur, et le marbre a été fourni par M. Dutry, marbrier de cette ville.

Nous bornons à cette dernière sépulture notre visite sur les bordures des allées et contre les murs, où sont érigés, sans contredit, les plus beaux monuments. Après avoir achevé le tour que nous venons de faire du cimetière, nous allons jeter un coup-d'œil rétrospectif pour réparer quelques omissions, et, à cet effet, nous allons explorer les carrés où sont inhumés, sans monuments fort remarquables, quelques hommes d'élite dont le souvenir, jadis cher à la population, est bien près d'être oublié, non des familles auxquelles ils appartiennent, mais du public...... Un poète ne l'a-t-il pas dit : *Les morts passent vite!*.... Oh! oui, les morts passent bien vite, grâce à l'ingratitude des hommes.

<small>Tombe de M. Bourgois.</small>

Nous ramènerons le visiteur dans le carré H, en face de la porte de la chapelle, où nous apercevons quelques monuments d'un assez beau style.

D'abord, sur une même ligne, nous remarquons ceux de quatre prêtres de cette ville. A gauche, sur une borne antique, on lit les inscriptions de M. *Bourgois* et de sa sœur, morts le même jour, singularité assez remarquable. M. Bourgois était chapelain du cimetière de *la Madeleine*, où il exerça, pendant long-temps, le ministère sacré. Il habitait, avec sa sœur, le logement affecté à l'ecclésiastique attaché à cet établissement. Ils moururent le 23 janvier 1844, le frère, âgé de 80 ans, la sœur, de 71.

<small>Monument des Abbés Mauriac et Froissard.</small>

A droite du précédent, on remarque un monument de forme gothique d'un assez beau travail. Cependant les proportions ne nous paraissent pas parfaitement observées; par exemple, le socle, d'une petite dimension, n'est pas en rapport avec l'élévation du monument. Dans les deux ogives de face sont gravées les inscriptions suivantes :

« Jean-Baptiste MAURIAC,
prêtre de la mission, attaché à la paroisse Ste.-Anne,
décédé le 17 mai 1845, âgé de 42 ans.
Tous les jours, il allait au milieu de ses frères,
il les consolait, et leur distribuait ce qu'il pouvait.... »

Et dans l'ogive de droite, cette autre :

« Ici repose le corps de Jean-Baptiste-Augustin
FROISSARD,
prêtre de la mission et curé de Sainte-Anne,
décédé le 7 juillet 1845, âgé de 42 ans.
Il annonçait la parole de Dieu avec une sainte
hardiesse.... Et il rendait témoignage, avec une grande
force, à N.-S. Jésus-Christ. »

Au-dessous des deux ogives, est gravé ce témoignage d'estime, de reconnaissance et de regrets :

« Dignes d'être aimés et irréprochables dans leur vie....,
la paroisse de Sainte-Anne reconnaissante leur a fait élever
ce monument. »

Le chapiteau et la croix sont ornés de feuilles de vigne, sculptées par M. Bourquin ; l'exécution en est irréprochable. La construction du monument est de M. Brare-Sainneville, auquel il fait le plus grand honneur.

Le troisième monument est une borne antique semblable à la première. Elle est érigée sur l'emplace-

Tombe de M. PETIT, Chanoine.

ment où sont déposées les dépouilles mortelles de M. *Nicolas Petit*, chanoine titulaire de la cathédrale d'Amiens, promoteur du diocèse, décédé le 7 mars 1846, âgé de 87 ans.

Famille POTIER.

Derrière les monuments dont nous venons de parler, nous remarquons celui élevé dans l'enceinte de la sépulture affectée à la famille *Potier*.

Il est de forme moderne, établi sur un double socle, et surmonté d'une urne cinéraire à laquelle est suspendue une couronne d'immortelles, le tout en pierres. Sur la face du second socle, trois belles tables de différentes dimensions sont disposées pour servir à l'usage d'inscriptions funèbres : on lit celles des père et mère des frères Potier, ainsi que celle du beau-père de l'un d'eux, le sieur *Charles*. Le fût du monument est divisé par trois autres tables en relief et de même grandeur, sur lesquelles on lit les inscriptions suivantes :

« Charles POTIER, directeur des diligences d'eau, décédé le 24 mars 1834, âgé de 39 ans. »

« Ives-Alexandre POTIER, chevalier de la Légion-d'Honneur, syndic du port, décédé le 28 mars 1843, à l'âge de 44 ans. »

« Jean-Baptiste POTIER, directeur de la barque *l'Estafette*, décédé le 6 novembre 1845, à l'âge de 48 ans. «

Le monument est flanqué de chaque côté d'un pilastre supporté par un socle, sur la face duquel est sculptée une couronne de feuilles de chêne ; sur les attiques des pilastres sont figurées des médailles d'honneur dont étaient décorés les trois frères. Dans le tympan du fronton est également figurée la croix de la Légion-d'Honneur, et le nom de la famille à la mémoire de laquelle est érigé ce monument, y est gravé.

Les frères Potier, placés par la naissance dans une condition obscure, se sont élevés, aux yeux de tous, de toute la noblesse de leur cœur, et de leur généreux dévouement à la cause de l'humanité. Jamais un péril n'a eu lieu en la présence de l'un d'eux, sans qu'instantanément il ne s'y soit précipité pour en sauver la victime. Aussi tous trois étaient-ils décorés de plusieurs médailles d'honneur, justement méritées, et Alexandre, de la croix de la Légion-d'Honneur.

Les obsèques de ce dernier ont eu lieu avec quelque pompe. M. le maire de la ville, accompagné de l'un de MM. les adjoints, prononça, au moment de l'inhumation, un discours qui produisit une vive impression sur les auditeurs, et dans lequel notre premier magistrat, consciencieux appréciateur du mérite partout où il se rencontre, sans acception de rang ni de fortune, paya un juste tribut de regrets et d'hommages à la mémoire du courageux citoyen dont le dévouement exemplaire sauva la vie à plus de cent personnes en danger de se noyer.

A peine âgé de 44 ans, M. Yves-Alexandre Potier a succombé à une maladie d'entrailles.

Le monument est entièrement de M. Salé : plan, pose et taille des pierres et sculpture. La sépulture est close par une claire-voie et une haie vive.

<small>Tombe de M. l'Abbé Vincent.</small> A quinze pas environ, sur la droite, nous trouvons la tombe de M. l'abbé *Vincent*, sur l'emplacement de laquelle s'élève un cippe à chapiteau, surmonté d'un calice.

Sur la face, on lit cette inscription :

« A la mémoire de M. l'abbé Vincent,
ancien professeur au collége royal d'Amiens,
officier de l'Université, professeur à l'école normale
de cette ville,
membre de l'académie d'Amiens
et de plusieurs sociétés savantes. »

Et au-dessous :

« M. l'abbé Vincent était un excellent
humaniste : sa perte a été vivement ressentie
par ses amis, ses connaissances, et surtout
par sa famille, qui est inconsolable. »

M. l'abbé Vincent était d'une telle modestie, que peu de personnes, en dehors du cercle de ses amis intimes, connaissaient ses titres, et les connaissances d'un ordre élevé qu'il possédait.

A l'élévation supérieure du cippe dont nous avons parlé, est sculptée une croix, entourée par deux branches de palmier.

Derrière la sépulture de la famille *Facquez-Delavallée*, toujours dans le carré H, on peut remarquer une tombe environnée d'une clôture en bois vermoulu, autour de laquelle croissent des roses et quelques plantes parasites. Sur cet emplacement s'élève un cippe antique en pierre. C'est le dernier asile de M. l'abbé *Dallery*. On lit sur sa pierre l'épitaphe suivante :

Tombe de M. l'Abbé Dallery.

« A la mémoire
de M. Louis-Gabriel DALLERY,
prêtre, chanoine honoraire de la cathédrale d'Amiens,
recteur de l'académie de la même ville,
chevalier de l'ordre royal de la Légion-d'Honneur,
décédé le 19 novembre 1826, âgé de 64 ans. »

M. Dallery mourut à la suite d'une maladie cruelle et d'une opération bien plus cruelle encore. Les élèves du collége royal et de plusieurs institutions particulières, les professeurs du collége et de l'école secondaire de médecine suivirent son convoi. Le corps fut porté par les élèves du collége jusqu'au cimetière.

M. Dallery naquit à Amiens en 1762, où il fit ses études littéraires, et d'où il passa à Paris au séminaire de St-Sulpice. Il fut reçu docteur ; il émigra à la Révolution. Rentré en France, et quelque temps après, il fut nommé censeur au collége royal d'Amiens; puis successivement proviseur de ce collége, recteur de l'académie, et promu à la dignité de chevalier de l'ordre royal de la Légion-d'Honneur.

Famille Delabarthe.

Nous prenons le chemin figuré au plan sous le n.º 5 bis, et sur la lisière du carré G, nous remarquons le monument de la famille *Delabarthe*. C'est une pyramide octogone, supportée par un socle en talus et surmontée d'un chapiteau à oreillons, au-dessus duquel est une urne. Sur l'une des faces du socle est appliquée une table en marbre noir. (Cette table est depuis long-temps brisée en plusieurs morceaux qu'on a rapportés et rapprochés le mieux possible sur la face à laquelle elle appartient.)

Plusieurs inscriptions sont gravées sur cette table de marbre, notamment celle du chef de la famille : M. *Pierre-Alexis Delabarthe*, entrepreneur de bâtiments, décédé le 9 avril 1837, âgé de 57 ans.

Cette sépulture est environnée d'une grille en fer établie sur un bahut en pierres et briques. Nul ornement ne décore ce monument d'un caractère sévère et d'un travail remarquable.

Tombe de M Vulfran Warmé.

En repassant dans la plaine F, nous nous arrêtons devant les sépultures *Vulfran Mollet et Mollet-Warmé*, que nous n'avons qu'indiquées lors de notre visite dans cette partie du cimetière, et nous saluons, avec nos lecteurs, le tombeau de M. *Vulfran Warmé*, que désigne au visiteur une pierre d'une grande simplicité, à l'élévation supérieure de laquelle est sculptée une plante de pavots.

Ce citoyen a les plus beaux titres à la reconnaissance publique et surtout à celle de la classe des travailleurs, dont l'amélioration matérielle et morale fut l'objet de sa plus vive sollicitude.

M. Vulfran Warmé, négociant, était un des anciens rédacteurs de la *Sentinelle Picarde*. Envoyé, par les suffrages de ses concitoyens, au conseil municipal, il fut tour à tour, et souvent en même temps, administrateur de la société pour la propagation de l'enseignement mutuel, secrétaire de la caisse d'épargne, et un des lieutenants-secrétaires de la garde nationale. Amis du progrès et de l'ordre, il encouragea les écoles publiques et contribua, de tous ses efforts, au développement de l'instruction dans les classes ouvrières.

Il mourut à l'âge de 37 ans, le 15 mars 1835. Les membres du conseil municipal, les administrateurs de l'enseignement élémentaire, les élèves de l'école normale et les notabilités de la ville, assistèrent à son convoi. MM. Creton, avocat, et Martin, recteur de l'académie, prononcèrent, sur sa tombe, des discours.

Le conseil municipal, dans sa séance du jour suivant, consigna sur le registre de ses délibérations l'expression des regrets que lui faisait éprouver la perte de cet honorable collègue.

<small>Tombe des réfugiés Polonais.</small>

Dans le carré E, près du mur de clôture, côté nord, nous remarquons un tronçon de colonne en marbre noir, dont le fût paraît avoir été brisé ; on dirait que la même idée a présidé à l'érection de ce monument et de celui de Mme *Pimont*, établi dans la sépulture de la famille *Ledieu*. Dans tous les cas, l'idée symbolique qu'il représente est ici parfaitement en harmonie avec la position des citoyens à la mémoire desquels il est élevé. Cette sépulture est celle de deux réfugiés polonais, qui, même après leur mort, semblent encore condamnés à l'exil par leur isolement, dans ce cimetière, de la république des morts.

Sur le fût de cette colonne, on lit les inscriptions suivantes :

« Bruno Wieliezko, sous-lieutenant de cavalerie,
âgé de 26 ans, né à Balta,
décédé le 23 mars 1835. »

« Adam Sobolewski, chirurgien-major,
âgé de 30 ans, né à Bielsk,
décédé le 23 octobre 1835. »

Et au-dessous de ces inscriptions est gravée cette dédicace :

« Le comité polonais d'Amiens
aux réfugiés de Pologne; 1835. »

Trop illustres débris d'un peuple de héros,
    Qu'admire et délaisse le monde,
Vos longs cris de détresse ont trouvé des échos
Dans les cœurs généreux où la vengeance gronde.
        Quoi! l'exil ou des fers,
        Sans cesse des revers,
        Telle est la destinée
De tes nobles enfants, Pologne infortunée!
        Oh! quand paraîtra-t-il
        Ce jour de délivrance,
        Terme de votre exil
        Et de votre souffrance.
Que votre souvenir du moins souvent s'envole
        Sur l'aile de l'espoir,
        Et vous fasse entrevoir
De l'affranchissement la prochaine auréole.
En attendant, la France, en cordiale sœur,
D'un amour fraternel vous donnera le gage,
En vous offrant sans cesse un appui protecteur,
        Un abri contre l'esclavage!

A chacun des deux convois de ces nobles débris du soutien de l'indépendance nationale, un nombre considérable d'habitants et de gardes nationaux en uniforme s'y pressaient. Tous ceux qui y assistaient ne pouvaient se défendre d'un sentiment pénible, en pensant à ces jeunes héros privés de la consolation d'expirer entre les bras de leurs familles, et dont la dernière pensée dût s'envoler vers elles et vers la patrie. Les honneurs qu'ils reçurent de nous prouvèrent du moins à leurs compagnons d'exil que la France n'oublie pas qu'elle doit être pour eux une mère adoptive, et qu'ils ont contribué, par leur valeur, à illustrer ses drapeaux.

Des discours furent prononcés sur la tombe de M. Wieliczki par MM. Léon Couture et Dembenski, capitaine d'artillerie polonaise. Pendant la cérémonie, les coins du poêle étaient tenus par M. Villeret, garde national à cheval, un officier en retraite, un capitaine de cuirassiers, et un officier polonais réfugié.

Le convoi de cet officier a suivi un itinéraire inaccoutumé; il traversa, en sortant de l'Hôtel-Dieu, les rues Saint-Leu, du Bloc jusqu'à la place Périgord, les rues Delambre, Gresset, St.-Jacques, de l'Aventure et le pont St.-Michel.

Au convoi de M. Sobolewski, les coins du poêle étaient tenus par MM. Tournière, colonel de la garde nationale d'Amiens; Riquier, conseiller de préfecture; Villeret aîné, négociant; et M. Maire, ancien capitaine de cavalerie.

Il a suivi le même itinéraire que celui de M. Wieliczki.

Tombe de M. Béraud.

Au milieu du carré E, en traversant le chemin n.º 6, dans la direction de l'emplacement destiné aux protestants, se trouve la tombe de M. *Béraud, Jacques,* conseiller à la cour royale d'Amiens, chevalier de la Légion-d'Honneur, décédé le 20 décembre 1837, âgé de 79 ans moins quelques jours. Une simple pierre horizontale recouvre ses dépouilles mortelles.

Peu d'hommes ont honoré une aussi longue carrière par autant de dignité dans le caractère, de zèle et d'intégrité pour l'accomplissement de ses devoirs. Aussi s'était-il acquis, par sa vie privée, l'affection des personnes qui vivaient dans son intimité, et par sa vie publique, l'estime et l'attachement des magistrats qui partageaient ses travaux. Cette justice a été rendue à sa mémoire par le chef de sa compagnie, au moment où, les premières cérémonies religieuses étant terminées, ses collègues allaient se séparer de lui pour toujours.

Nous reproduisons ce discours, destiné à faire connaître plus particulièrement la vie publique et privée de ce magistrat.

« Messieurs,

» La vie du magistrat s'écoule dans le calme, loin des
» orages du monde. Ses devoirs sans cesse renaissants lui
» imposent chaque jour de nouveaux travaux. Il en apporte
» le fruit à sa compagnie; il confond, dans l'œuvre com-
» mune, le résultat de ses méditations, et trouve sa gloire
» dans celle du corps auquel il appartient. Mais ce n'est
» point seulement par ses travaux qu'il concourt à l'illus-
» tration de sa compagnie; c'est encore par la dignité de sa
» vie, par la pureté de ses mœurs, par la droiture de son ca-

» ractère : heureuse solidarité qui fait rejaillir, sur chacun
» de nous, quelque chose des vertus de ceux qui nous ont
» devancé dans la carrière !

» Tel fut le magistrat dont nous déplorons aujourd'hui la
» perte. M. Béraud ne s'était point d'abord destiné à la ma-
» gistrature. Il y fut appelé par les suffrages de ses conci-
» toyens dans le département de l'Aisne, lorsque la France,
» sortant de la tourmente révolutionnaire, cherchait des
» éléments d'ordre dans le concours des meilleurs citoyens.
« Bientôt après, le gouvernement consulaire qui fondait sur
» des institutions plus stables les bases de la prospérité pu-
» blique, et qui sentait le besoin d'une magistrature forte et
» considérée, le fit entrer dans la composition du tribunal
» d'appel d'Amiens. Pendant plus de quarante années, il a pris
» une part active aux travaux de la compagnie, et l'a ho-
» norée par la dignité de son caractère. Dans cette longue
» carrière, il la vit se renouveler plus d'une fois : il assista
» aux pertes que lui fit subir le cours de la nature et les
» évènements politiques, et il resta au milieu de nous comme
» un symbole vivant des anciennes traditions. Il n'accueillit
» pas avec moins de bienveillance ses nouveaux collègues
» que ceux avec lesquels il avait long-temps vécu, et reçut
» d'eux, en retour, les hommages dûs à une vieillesse si
» respectable. Vous avez tous vu, Messieurs, le zèle qu'il
» apportait à l'accomplissement de ses devoirs, et qui, dans
» ces dernières années, lui faisait braver les infirmités de
» l'âge pour nous apporter le tribut de son expérience,
» ce zèle contre lequel nous l'exhortions nous-mêmes à se
» mettre en garde, la veille du jour où il devait cesser
» de prendre part à nos travaux. Vous avez tous apprécié
» la sérénité de son âme, la droiture de son jugement,
» sa fermeté sans rudesse, et sa bienveillance qui rendait si
» agréables avec lui les rapports de la confraternité. Aussi

» recommandable par ses vertus privées que par les qualités
» de l'homme public, M. Béraud portait dans ses relations
» intimes la même douceur de mœurs et cette fidélité aux
» anciennes amitiés qui caractérisent les âmes bien pla-
» cées. Il a terminé sa carrière avec le calme avec lequel
» il l'avait parcourue, sans regrets du passé, sans crainte
» pour l'avenir, confiant dans la justice et la miséricorde
» de Dieu, et n'emportant au tombeau d'autre douleur que
» de laisser dans l'isolement une digne épouse, aux soins
» et à la tendresse de qui il avait dû le bonheur de son
» existence.

» Ah! du moins, que les réflexions que notre douleur
» fait naître, ne soient point stériles pour nous-mêmes ; et
» inspirons-nous aux exemples d'une vie si honorable, à
» mériter un jour les mêmes regrets de la part de nos suc-
» cesseurs.. »

Nous redescendons par le chemin n.° 3, et près de la tombe de M. Josse, nous rencontrons, un peu au-dessus et du même côté, celle de M. *Reynard, Philippe-François,* ancien chirurgien en chef de l'armée du Nord, membre du conseil municipal de la ville d'Amiens, de l'académie de Lille, et essayeur de la garantie d'or et d'argent d'Amiens. Un cippe à chapiteau compose seul le monument de M. Reynard; et sur la face de la pierre, on lit l'épitaphe qui rappelle ses titres et les nombreuses fonctions qu'il exerça.

M. Amable Dubois prononça, sur sa tombe, un discours, duquel nous extrayons les passages suivants :

[marginalia: Tombe de M. Reynard.]

» Reynard naquit à Amiens, en 1775, de parents pauvres,
» mais d'une rigoureuse probité. Son père, qui avait fait
» d'excellentes études, lui enseigna les premiers principes
» des langues anciennes; son oncle, l'abbé Reynard, lui
» démontra les sciences exactes : les jeux de son enfance
» furent des expériences de physique et de chimie. Après
» avoir suivi, au collége d'Amiens, ses premières classes
» d'humanités, il les termina à Paris, au collége de Lisieux.

» Il suivit les cours des *Charles*, des *Fourcroy*, des *Vau-*
» *quelin*, et, dès sa jeunesse, se trouva lié avec les hommes
» les plus remarquables.

» En 93, l'Europe entière menaçait la France. Reynard
» partagea l'élan général qui porta toute la jeunesse à se
» dévouer à la défense de la patrie : nommé pharmacien
» sous-aide, il fut attaché à l'hôpital militaire de Lille. Ses
» talents et l'estime qu'il sut mériter le firent nommer, avant
» vingt ans, membre de l'académie de Lille.

» Plus tard, il fut nommé pharmacien principal de l'hô-
» pital de Bellisle-en-Mer; puis attaché à l'armée du Nord,
» Il fit toutes les campagnes d'Allemagne. A Vienne, il ac-
» quit l'amitié de *Frank*, premier médecin de l'empereur
» d'Autriche; à Berlin, il fut lié avec l'illustre *Klaproth;*
» plus tard, il sut gagner l'estime du savant *Berzelins*. Toutes
» ces hautes sommités de la science ont toujours conservé à
» Reynard leur amitié et leur estime.

» Pendant la campagne de Russie, Reynard, après avoir
» créé le service des médicaments dans les hôpitaux de
» Wilna, s'avança vers Moscou; mais il rencontra bientôt
» les débris de notre armée que le froid avait vaincue. Il
» eut les pieds gelés, et fut fait prisonnier par les Russes
» qui le replacèrent eux-mêmes à la tête du service des
» pharmacies qu'il avait organisé peu de temps auparavant.

» Rentré en France en 1815, Reynard vint se fixer à
» Amiens, où il établit une pharmacie.

» Patriote éclairé, digne successeur de son oncle qui
» avait tant travaillé dans l'intérêt de la société d'encoura-
» gement pour l'enseignement mutuel, lorsque cette société
» fut sinon persécutée du moins abandonnée par l'autorité
» administrative, Reynard resta un de ses membres les plus
» fidèles. »

En face du monument de M. Dijon, bordant la plaine F, nous remarquons, caché par un bouquet d'arbustes, la tombe de M. *Limonas, Jacques-Adrien-Augustin*, conseiller honoraire à la cour royale d'Amiens, secrétaire perpétuel de l'académie des sciences, arts et belles-lettres du département de la Somme, décédé le 9 février 1830, à l'âge de 89 ans et 8 mois.

Tombe de M. Limonas.

La cour royale, les tribunaux civil et de commerce, plusieurs avocats, avoués, et des membres de l'académie, assistèrent aux funérailles de M. Limonas. Un discours fut prononcé sur sa tombe.

M. Limonas naquit à Troye, en 1741. Il se livra à l'éloquence de la chaire, sa réputation, qui s'étendait avec son talent, le fit bientôt appeler dans la capitale, où il devint l'émule des grands prédicateurs de l'époque. Ses sermons y étaient courus comme ils l'avaient été dans la province ; il eut l'honneur, fort recherché alors, de prêcher devant la Cour. L'estime dont il jouissait dans la congrégation le fit nommer supérieur de la maison de l'Oratoire d'Angoulême, où il resta long-temps. La Révolution vint interrompre le cours de cette carrière; M. Limonas, qui avait refusé de prêter le serment qu'on exigeait d'abord des ecclésiastiques, fut obligé de fuir, et il se cacha dans notre département, qui était devenu l'asile du malheur ; il resta long-temps à Montdidier, chez M. Mangon de la Lande, son parent. Il reparut après le 9 thermidor, an II de la République, et l'estime qu'il se concilia bientôt, le fit nommer juge au tribunal civil de cette ville, et plus tard, conseiller en la même cour.

Une simple pierre en forme de cippe, sur laquelle est gravée l'épitaphe de celui dont elle est chargée de perpétuer le souvenir, orne sa sépulture.

En terminant notre revue, nous nous empressons de faire connaître à nos lecteurs que bien des renseignements, sollicités activement par nous pour rendre notre ouvrage plus complet, ne nous sont arrivés que fort tardivement, ce qui ne nous a pas toujours permis de les utiliser ; il en est même que nous n'avons pu obtenir. En sorte que, nous l'avouons, il y a sans doute quelques lacunes à combler dans le livre que nous offrons au public.

D'un autre côté, des changements sont survenus

dans le cimetière depuis que nous avons commencé notre travail et alors que les premières feuilles étaient tirées, aussi peut-il se faire que quelques sépultures, dont les monuments *seront* fort remarquables, peut-être, soient passées sous silence.

Dans tous les cas, nous avons ouvert la carrière à ceux qui voudront nous y suivre; il y a matière à faire encore beaucoup, et surtout beaucoup mieux ; enfin, d'être utile à la cité en rappelant bien des souvenirs déjà perdus dans le vague de ce chaos qu'on appelle le passé, et que, malgré notre bonne volonté, nous n'avons pas entièrement fouillé. Nous croyons qu'il serait facile de continuer notre œuvre, nous en avons réuni les éléments essentiels, nous les avons classés et coordonnés; en un mot, nous avons simplifié, pour un autre, un travail, dans l'origine, fort aride.

Maintenant, nous allons développer quelques idées d'amélioration dans le service matériel des pompes funèbres, qui touche de si près à la police du cimetière, et surtout à l'ordre et à la décence qui doivent toujours y régner.

La création de deux inspecteurs, préposés à la surveillance des convois, est indispensable au service comme nous l'entendons. Ces fonctionnaires seraient chargés de commander les employés ordinaires, de les désigner, de les inspecter avant de se rendre à la maison du défunt, et de remplacer immédiatement, par un autre ou plusieurs autres, celui ou ceux d'entre eux qui ne seraient pas dans les conditions de propreté et dans une situation d'esprit conforme aux devoirs qu'ils ont à remplir. Il faut en convenir, la plupart arrivent au milieu d'une famille éplorée dans un état assez voisin de l'ivresse, aussi ne comprennent-ils pas l'inconvenance de certaines observations ou propositions qu'ils ne manquent jamais de faire, certains ou à peu près du silence des personnes auxquelles ils s'adressent, plongées qu'elles sont dans un désespoir qui ne laisse place dans l'esprit à aucune autre préoccupation. Parlerons-nous de la malpropreté de quelques-uns dont les vêtements en lambeaux sont plutôt l'attribut de la mendicité, par le dégoût et la pitié qu'ils font naître, que la mise de fonctionnaires conduisant l'homme à son dernier asile. Nous savons bien que cet inconvénient ne se rencontre pas à chaque convoi, mais c'est presque toujours à l'égard des malheureux qu'on peut remarquer cette inconvenance, ou plutôt ce dernier outrage public à la misère et au malheur. Nous vivons dans un siècle trop éclairé, au milieu d'une population trop civilisée et surtout trop humaine, pour ne pas comprendre le respect dû aux dépouilles mortelles du pauvre comme il l'est à celles du riche : l'humanité et la religion nous en font un devoir. Un abus encore que nous devons signaler, c'est l'empressement des employés des pompes funèbres à courir au cabaret à la sortie du cimetière, sans égards pour la douleur des parents auxquels il leur est arrivé plus d'une fois de proposer de les imiter, et de les suivre plutôt chez tel que chez tel autre. Nous le répétons, tout cela est ignoble, dégoûtant, et, nous en sommes convaincus, l'autorité municipale, si zélée dans l'accomplissement de ses devoirs, fera tout ce qui dépendra d'elle pour faire cesser un état de choses aussi contraire à la morale publique.

Pour obvier aux abus dont nous venons de parler, il n'y a qu'un moyen, celui de nommer deux inspecteurs, relevant directement de l'autorité, chargés de la surveillance, comme nous l'avons dit, de tout le service, personnel et matériel ; chacun d'eux serait toujours en tête des convois dont il aurait la police.

Il conviendrait encore que l'administration municipale nommât, et par conséquent choisît elle-même, tous les employés attachés à l'administration des pompes funèbres ; on pourrait alors espérer d'eux plus de garantie au point de vue de la conduite, car, on ne peut se le dissimuler, ce qu'a eu en vue l'entrepreneur, c'est l'économie dans ses employés.

Pour assurer l'indépendance des inspecteurs, on doit les rémunérer sur le budget de la ville, dont le déficit, occasionné par ces deux traitements, pourrait être facilement comblé par une légère augmentation sur les frais d'inhumation de première et deuxième classe. Certes, il ne viendrait à la pensée de personne de blâmer une augmentation qui aurait pour but d'assurer le respect, l'ordre et la décence qui conviennent à d'aussi saintes cérémonies. Telle est la théorie que nous avons cru devoir exposer, et dont l'application nous paraît facile; c'est, au reste, ce qui se passe dans la plupart des grandes villes.

Si nous nous sommes trompés dans le développement du mode que nous voudrions voir adopter, nous sommes certains que la haute intelligence de notre administration y suppléera.

Une amélioration que nous regardons encore comme fort utile, c'est le mode de censure à employer à l'égard des épitaphes gravées sur les croix ou monuments. C'est à faire honte, non seulement au bon goût, mais à quiconque a encore quelque respect, soit pour la langue, soit pour la versification française; et il y aurait vraiment à en rougir, si un étranger, en visitant ce lieu funèbre, demandait l'explication de certaines inscriptions, où le ridicule et de grossières fautes se révèlent à chaque ligne; certes, cet étranger pourrait-il croire, comme l'indique l'ordonnance de police affichée à cette porte, que ces épitaphes ont été soumises à l'approbation de l'autorité. Si j'entreprenais de les citer ici, il me faudrait augmenter mon ouvrage d'un second volume.

Nous désirerions donc, pour obvier à la continuation de cet abus, que l'autorité municipale nommât une commission de trois membres qui, tous les quinze jours, examinerait avec soin toutes les inscriptions, les approuverait, les rejetterait ou les modifierait ; mais dans ce dernier cas, ce ne serait jamais qu'au point de vue grammatical et littéraire ; et si une autre tournure devait être donnée à la pensée, ce ne pourrait jamais être qu'avec l'agrément de l'auteur.

Nous pensons que cette proposition serait d'une exécution facile, aussi la soumettons-nous, avec confiance, à M. le Maire, dont la scrupuleuse intention a été, jusque-là, de respecter les sentiments des familles, n'importe comment elles les traduisissent.

FIN

TABLE

PAR ORDRE ALPHABÉTIQUE

DES SÉPULTURES

Mentionnées dans cet Ouvrage, avec l'indication des lieux où elles sont situées.

Nota. — Nous adoptons pour point de départ l'entrée du Cimetière et le commencement de chaque carré et chemin, tels qu'ils sont figurés sur le plan.

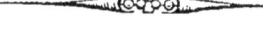

A

Aclocque d'Hocquincourt (baron), page 93, carré C, chemin n° 2 bis.
Amye, 134, carré H, sur la bordure et à la naissance du chemin 10.
Argoeuves (comtes d'), 141, carré H, sur la bordure du chemin 10, côté nord.

B

Béraud, 242, carré E, derrière les protestants.
Bourgois (l'abbé), 232, carré H, à droite du chemin 9 et à l'entrée.
Bruno-Vasseur, 46-70, plaine F, à l'entrée à gauche.
Brulé, 72, sur la bordure du chemin 4.

Barbier-Lequien, 73, plaine F, à droite.
Berthe, 109, sur la bordure du chemin 4 et de la plaine F.
Blanchard-Herbet, 133, carré H, sur la bordure du chemin 9.
Bionval, 147, sur la bordure du chemin 10, carré H, côté nord-est.
Brajeux, 156,   id.   id.
Beausse, 161,   id.   id. G,
Bouthors, 173, carré G, contre le mur de séparation.
Boulet (D^{lle}), épouse Pasquier, 177,   id.
Bellouin, 178,   id.
Benoît, 183, carré M, contre le mur de séparation.
Binard, 187,   id.
Bon-Herbet, 188,   id.
Beaucousin de Moïencourt, 189, id.
Bernaville, 190,   id.

C

Cozette-Ladent, carré K, au milieu.
Caille, 79, carré M, sur la bordure et au commencement du chemin 1.
Cauet, 113, plaine N.
Côme de Saint-Riquier, 118, carré E, près de l'ancien mur.
Canaple, 123, carré H, sur la bordure du chemin 9.
Cozette-Balesdent, 124, carré J,   id.
Choquet-Mollet, 142, carré H, sur la bordure du chemin 10.
Couture, 47, carré A, près de la bordure et à la fin du chemin 1.
Calais-Faïez, 173, carré G, contre le mur de séparation.
Codevelle, 178,   id.   id.

Calonne (de), née de Morgan, 192, carré M, contre le mur de séparation.

Couvreur, 198, carré L, contre le mur de séparation.

Cacheleux, 204, carré L, contre le mur de clôture à l'ouest.

Caron-Vitet, 209, id. id.

Chamont, 214, carré K, contre le mur de séparation.

Couderc, 209, carré L, contre le mur de clôture, côté nord.

Caille, négociants, 79, carré A, sur la bordure et au commencement du chemin 1.

D

Dallery (l'abbé), 237, carré A, au milieu et joig. le chemin 9.

Dauzet, 228, carré K, à l'extrémité du mur de séparation, côté ouest.

Duval, 40, carré A, près de la bordure et à la fin du chemin 1.

Debray-Valfresne, 44, joignant la précédente un peu plus à l'ouest.

Denizart (Mlle), 79, carré A, sur la bordure et au commencement du chemin 1.

Domon-Meillé, 85, carré A, un peu plus haut que la précédente.

Dubois-Vaude, 85, id. id.

Delamorlière, 89, carré B, contre le mur de clôture chemin 2.

Demailly, 91, carré C, à la fin du chemin 1.

Dijon, 98, carré D, sur la bordure et au commencement du chemin 3.

Desjardins-Soyez, 104, carré D, sur la bordure et au milieu du chemin 3.

Duthoit, 109, carré E, prés de l'embranchement des chemins 4 et 3, et joignant la bordure de ce dernier.

Duroyer, 117, carré E, près du mur de séparation.

Delattre, 120, carré H, à la naissance du chemin 9.
Deneux-Buquet, 121, id.
Demetz, 126, un peu plus haut que la précédente et même carré.
Dubrulle, 128, même ligne et même carré que la précédente.
Dargent, 128, id. id.
Delahaye-Derogy, 135, carré H, à la naissance du chemin 10.
Durand-Delafosse, 136, id. id.
Decagny-Chevalier, 144, carré H, sur la bordure et à la fin du chemin 10.
Drevelle, 95, carré D, sur la bordure et au milieu à peu près du chemin 1.
Dhervillers, 204, carré L, contre le mur de clôture à l'ouest.
Degove-Bazille, 198, carré L, contre le mur de séparation.
Dubois-Porion, 155, carré H, presque à la fin et sur la bordure du chemin 10.
Darras-Villomont, 145, carré H, avant la précédente.
Descavé-Darras, 145, id.
Darras-Duchatel, 145, id.
Dubas, 189, carré M, contre le mur de séparation.
Daveluy-Bellencourt, carré M, id., à l'extrémité, côté est.
D'Hangest, 172, carré G, contre le mur de séparation.
Douilliez, 202, carré L, contre le mur de clôture, côté ouest.
Delabarthe, 238, sur le bord du carré G et du chemin 5 bis.

E

Estang (comte de l') 159, carré H, dernière sépulture sur le chemin 10,

F

Froissard, 232, carré H, à droite du chemin 9 et à l'entrée.

Fernand de Ferraporte, 102, carré D, au milieu du chemin 3 et sur la bordure.

Facquez-Delavallée, 125, carré H, au milieu du chemin 9 et sur la bordure.

Franchemont, 134, carré H, sur la bordure et à la naissance du chemin 10.

Fatton (Abraham), 107, carré des protestants, sur la bordure du chemin 3.

Fouache-d'Halloy, 138, carré H, sur la bordure du chemin 10.

Fournier-Vasseur, 144, près de la précédente en suivant.

Faton de Favernay, 200, côté L, première sépulture contre le mur de clôture, côté ouest.

Fagard, 160, carré G, dernière sépulture sur la bordure du chemin 10.

G

Guilbert, ancien tambour-major de la garde nationale d'Amiens, 74, plaine F.

Grandpré-Bertin, 76, plaine F.

Grébert, 87, carré A, au commencement du chemin 2.

Gense, 91, carré C, à la fin du chemin 1.

Gamand, 119, carré E, derrière le mur de séparation.

Gayant, (veuve de M.), 122, carré H, sur la bordure et au milieu du chemin 9.

Guilbert, 123.   id.   id.

Girardin, 132, carré J, sur la bordure du chemin 9.

Gorguette-d'Argoeuves (Mme de), 140, carré H, au milieu et sur la bordure du chemin 10.

Grare, 178, carré G, contre le mur de séparation.

Granclas, 214, carré K, contre le mur de séparation.
Godard, 202, carré L, contre le mur de clôture, côté ouest.

H

Hanocq, 179, carré G, contre le mur de séparation.
Herbet (dame), 108, carré E, sur le bord du chemin 4.
Herbet de Saint-Riquier, 115, carré E, contre le mur de séparation.
Héren, 122, carré J, au commencement et sur la bordure du chemin 9.

L

Limonas, 247, bordant la plaine F, chemin 3.
Lefort, 75, plaine F.
Lefebvre-Hennebert, plaine F.
Lemort, 77,   id.
Letètu, 78,   id.
Leclercq, 81, carré A, sur le bord et au commencement du chemin 1.
Lesens (comte de Léon, marquis de Folleville), 86, carré A, près de la bordure et à la fin du chemin 1.
Labesse-Bernaux, 88, carré A, chemin 2 et à la fin.
Laurent-Morant, 105, carré D, au milieu et sur le bord du chemin 3.
Leclerc-Poulain, 113, plaine N.
Lecaron (veuve de M. de Saint-Riquier), 117, carré E, à la suite du mur de séparation.
Lefebvre, ingénieur, 135, carré A, sur le bord et au commencement du chemin 10.
Latapie (baron de), 143, carré H, au milieu et sur la bordure du chemin 10.
Lorel, 143,   id.   id.

Leroy-Pauchet, 161, carré G, à la fin et sur le bord du chemin 10.
Ledieu, 165, carré G, au-dessus de la précédente.
Larozière, 188, carré M, contre le mur de séparation.
Leprince, 200, carré L, contre le mur de clôture à l'ouest.
Laurent-Alexandre, 205,   id.
Lapostolle, 216, carré K, contre le mur de séparation.

M

Mauriac, 232, carré H, à droite et à l'entrée du chemin 9.
Machet (Zacharie), 71, plaine F, près du chemin 4.
Mollet-Warmé, 73 et 238, plaine F, à l'extrémité supérieure.
Massey l'aîné, 91, carré C, à la fin et sur le bord du chemin 3.
Matifas, 95, carré D, sur la bordure du chemin 1.
Marotte, 124, carré H, sur la bordure du chemin 9.
Mallet (comte de Coupigny), 134, carré H, à la fin du chemin 9.
Mangot-Lotiquet, 193, carré L, contre le mur de séparation.
Mancel, 196,   id.   id.
Maillet, 197,   id.   id.
Morgan de Belloy, 169, carré G, contre le mur de séparation.
Morgan-d'Epagny, 172,   id.   id.
Morgan de Béthune, 191, carré M, contre le mur de séparation.
Marest, 158, carré H, à la fin et sur le bord du chemin 10.

N

Nourry, 122, carré J, au commencement du chemin 9.

P

Petit, chanoine honoraire, 233, carré H, à droite et à l'entrée du chemin 9.
Potier, 234, carré H, au-dessus de la précédente.
Placet, 74, plaine F.
Potron-Leclercq, 88, carré B, contre le mur de clôture.
Polart, 94, carré D, sur le bord et au milieu du chemin 1.
Pécourt, 106, carré D, au milieu et sur le bord du chemin 3.
Plichon, 108, carré E,   id.   id.
Poulain, 110, bordant la plaine F, et le chemin 4.
Porion, 115, carré E, contre le mur de séparation.
Pillon de Ribaucourt, 141, carré H, sur le bord et au milieu du chemin 10.
Petit, conseiller, 186, carré M, contre le mur de séparation.
Pollet-Mallet, 182,   id.   id.
Péru-Lorel, 176, carré G,   id.   id.
Paillart-Lecoq, 195, carré L,   id.   id.

R

Reynard, 245, carré D, sur le bord et à peu près au milieu du chemin 3.
Renard-Rabache, 118, carré E, contre le mur de séparation.
Riquier, 133, carré H, sur la bordure du chemin 9, près de la fin.
Routier, 136, carré H, au commencement et sur la bordure du chemin 10.
Rigollot, 184, carré M, contre le mur de séparation.
Renard-Dorville, 212, carré L, contre le mur de clôture, l'avant dernier monument au nord.
Robert, 197, carré L, contre le mur de séparation.

Réfugiés Polonais, 240, carré O, près du mur de clôture, côté nord.

S

Sobolewski, 240, carré O, près du mur de clôture, côté nord.
Senart-Grenier, 100, bordant la plaine F et le chemin 3.
Soyez-Barbier, 115, plaine N.
Sauvé-Lecoq, 122, carré H, sur la bordure et au milieu du chemin 9.
Spineux, 146, carré H, sur le bord et près de la fin du chemin 10.
Soeurs du Sacré-Coeur, 206, carré L, contre le mur de clôture à l'ouest.

T

Terral, 70, plaine F.
Tavernier (D^{lle}), 101, carré D, sur la bordure du chemin 3.
Tattegrain-Delabarthe, 114, plaine N.
Tournière, 156, carré H, à la fin et sur la bordure du chemin 10.
Tondu, 203, carré L, contre le mur de clôture, côté ouest.

U

Ursulines (sœurs de la Congrégation des), 208, carré L, contre le mur de clôture, côté ouest.

V

Vincent (l'abbé), 236, carré H, à droite de l'entrée de la chapelle.
Vulfran-Warmé, 73 et 238, plaine F.

Voclin (l'abbé), 83, carré **A**, sur le bord et à l'entrée du chemin 1.

Villeneuve de Bargemont, 102, carré **D**, sur le bord et au milieu du chemin 3.

Vion, 212, carré **L**, contre le mur de clôture, au nord.

Vasseur, 209, id. id.

Véru, 145, carré **H**, sur le bord et presque à la fin du chemin 10.

Violette-Carpentier, 183, carré **M**, contre le mur de séparation.

Villain, 169, carré **G**, au commencement du mur de séparation.

Vast, 169, id. id.

W

Wieliesko, 240, carré **O**, près du mur de clôture au nord.

Walet, 111, bordant la plaine **F** et en face du chemin 5.

Warmel-Fournier, 144, carré **H**, sur le bord et au milieu du chemin 10.

FIN DE LA TABLE.

Amiens. — Imp. de Duval et Herment.

ERRATA.

Page 4, ligne 9, lisez: *André* au lieu d'*Alexandre*.
    id.   ligne 10, lisez: **1730** au lieu de **1770**.
    id.   ligne 12, lisez: *impériale* au lieu de *royale*.
Page 115, ligne 21, lisez: *carré H* au lieu de *E*.
Page 141, ligne 2, lisez: *un attique* au lieu de *une*.
Page 207, ligne 19 (sur quelques exemplaires), lisez *pulverem* au lieu de *pulverens*.

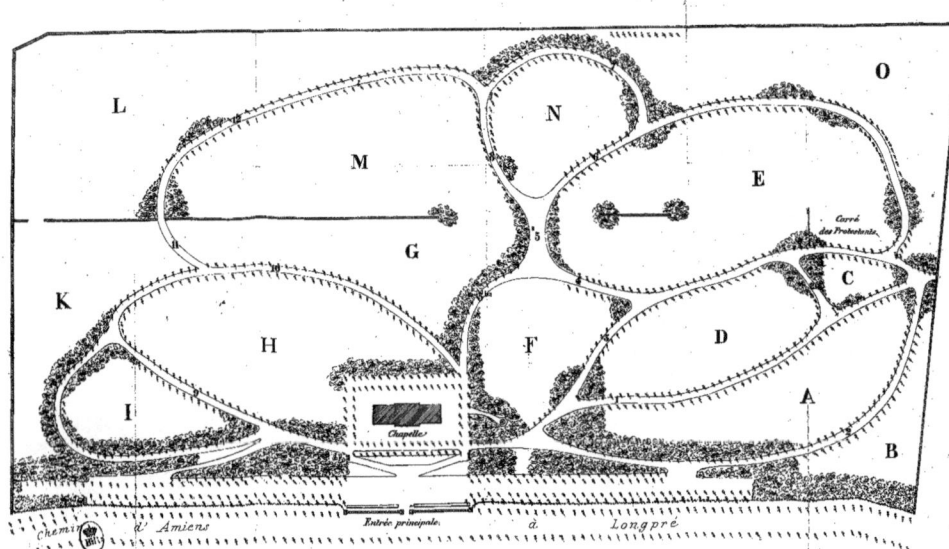

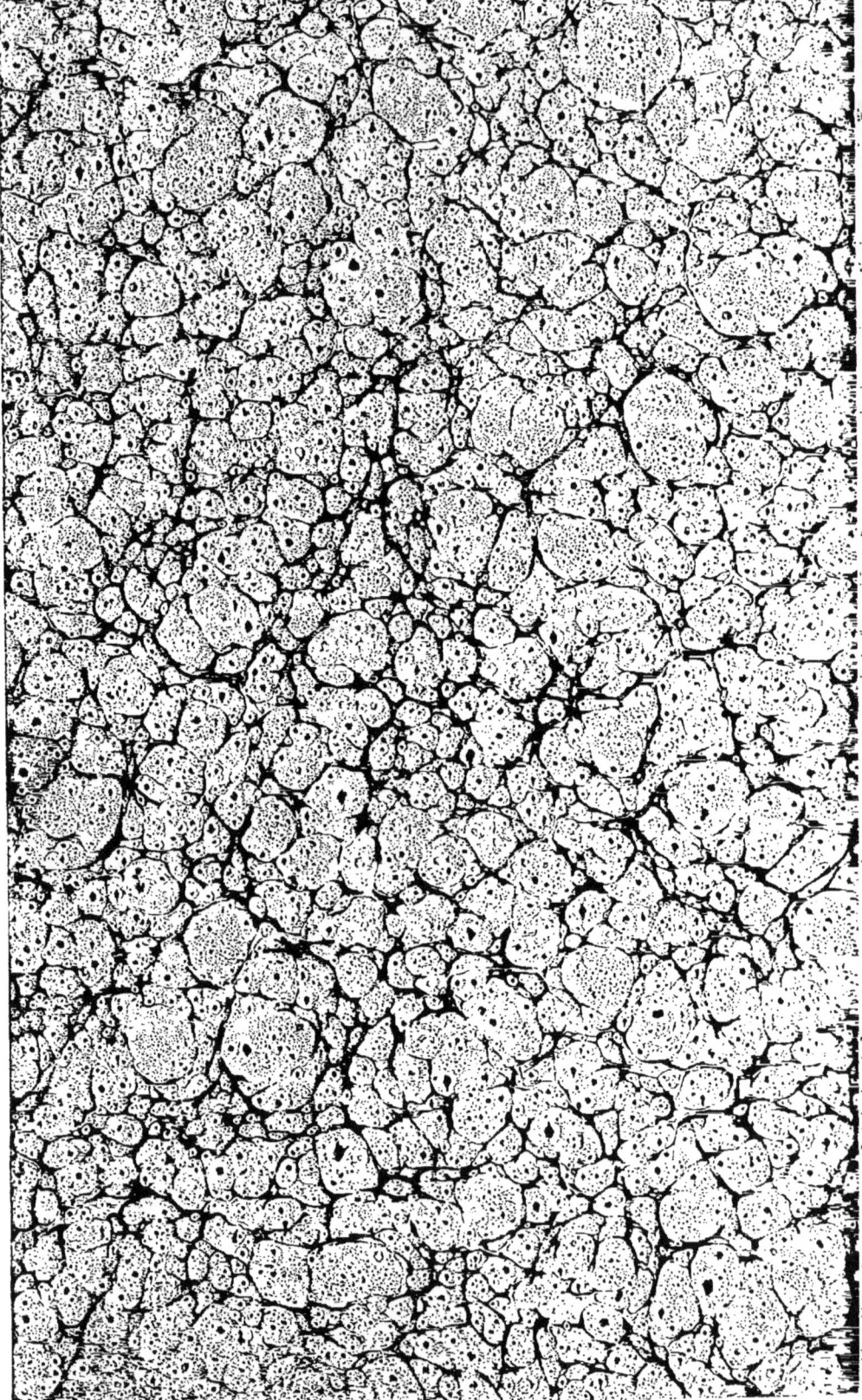

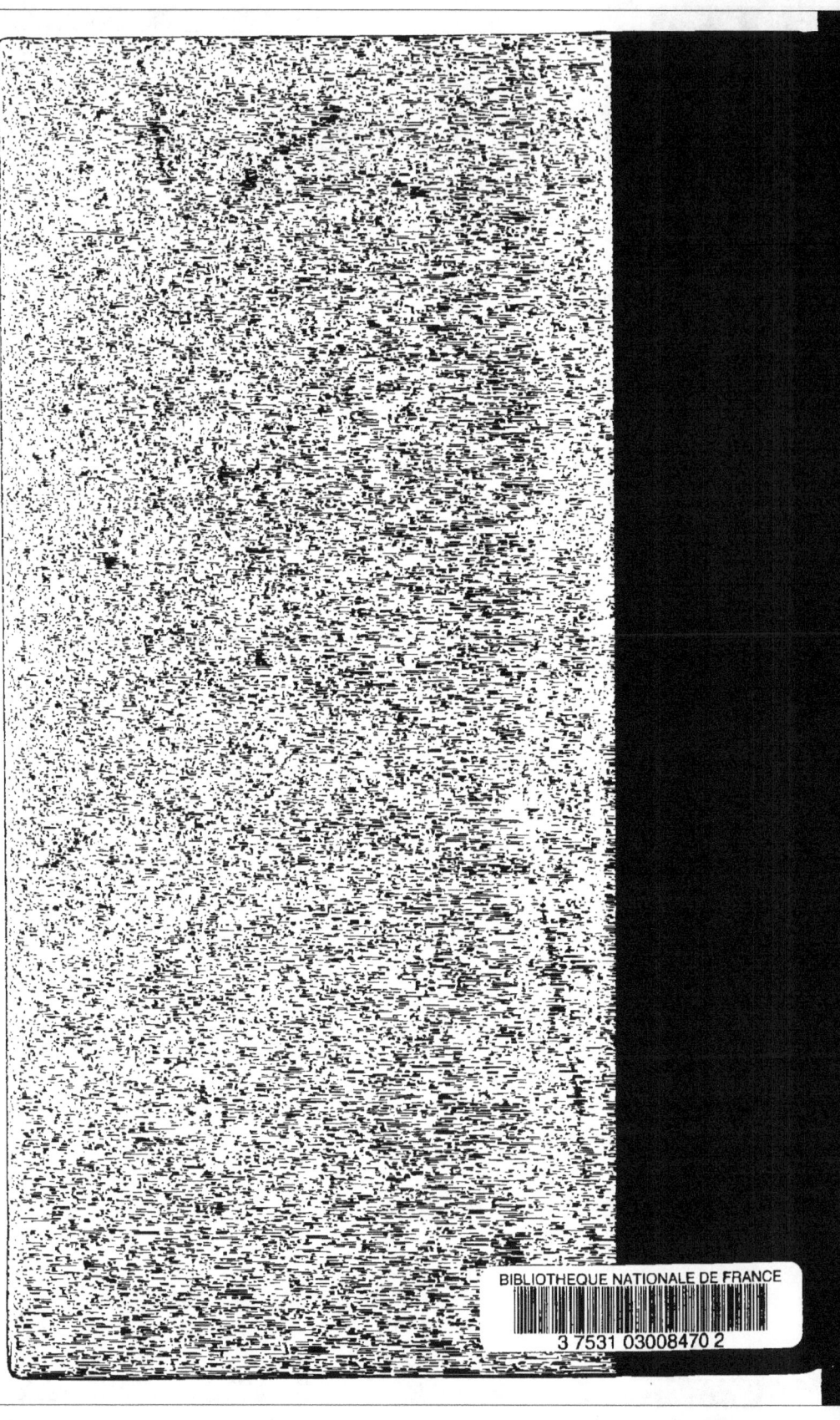

www.ingramcontent.com/pod-product-compliance
Lightning Source LLC
Chambersburg PA
CBHW070747170426
43200CB00007B/680